1000 Freizeittipps
MÜNSTERLAND

Ausflugsziele, Sehenswürdigkeiten
Sport, Kultur, Veranstaltungen

Urte Engelhard

Wartberg Verlag

Anmerkung des Verlages
Die im nachfolgenden Text verwendeten Symbole haben folgende Bedeutung:
☏ = Telefon, 🌐 = Internet-Adresse, ☺ = Attraktionen für Kinder und Junggebliebene

Alle Angaben wurden gewissenhaft geprüft, trotzdem können Autor und Verlag keine Gewähr für die Richtigkeit übernehmen. Anregungen, Berichtigungen und Ergänzungsvorschläge senden Sie bitte an den Wartberg Verlag, Gudensberg-Gleichen.

1. Auflage 2018

Layout: Gerald Halstenberg, Berlin
Karte: Gerald Halstenberg, Berlin
Druck und Bindung: Druck- und Verlagshaus Thiele & Schwarz GmbH, Kassel

34281 Gudensberg-Gleichen, Im Wiesental 1
Telefon (0 56 03) 9 30 50
www.wartberg-verlag.de
ISBN: 978-3-8313-2895-6

Einladung zur Entdeckungsreise

Das Münsterland ist bekannt für seine Rad- und Reitwege, für seine Wasserschlösser und Burgen, für seine Kirchen und Klöster, für seine Parklandschaft und Naturschutzgebiete. Eine unglaubliche Vielzahl an Freizeitmöglichkeiten bieten sich im Münsterland an: Ob Sie die Natur per Rad, zu Fuß, auf dem Wasser oder aus dem Pferdesattel entdecken wollen. Ob Sie historische Städte und pittoreske Orte erkunden, Museen besuchen oder Schlösser, Burgen und Adelssitze besichtigen wollen. Ob Sie mit Kindern, Freunden oder Verwandten unterwegs sind. Ob Sie Ruhe und Erholung oder Spaß und Abenteuer suchen.
In diesem Freizeitführer präsentieren wir Ihnen über 1000 Freizeittipps in der Region, für jeden Geschmack, jedes Alter, jeden Anlass, jede Jahreszeit – Langeweile ausgeschlossen!
Haben Sie z. B. schon einmal die Flamingobrutkolonie in Vreden besucht oder die Wildpferdebahn in Dülmen? Kennen Sie das Bierglasmuseum in Emsdetten oder den Flugsimulator in Münster? Wissen Sie, wie in alten Mühlen Korn gemahlen wurde oder wie aus Korn der Hochprozentige entsteht? Haben Sie Lust, SwinGolf, FußballGolf oder Minigolf bei Schwarzlicht zu spielen? Sind Sie schon einmal durch ein Moor gewandert oder auf dem Jakobsweg gepilgert? Suchen Sie einfach nur das nächstgelegene Schwimmbad, eine Angelmöglichkeit oder einen Reiterhof? Oder möchten Sie auf einer Kirmes, einem Karnevalsumzug, einem Konzert unterhalten werden?
Dazu müssen Sie nicht in die Ferne schweifen, Sie finden all das vor Ihrer Haustüre!

Dieses Buch dient Ihnen dabei als Kompass. Sie können darin die Sehenswürdigkeiten und Freizeitangebote alphabetisch nach Orten suchen oder über das Register am Ende des Buchs nach Themen, Stichworten und Veranstaltungen.

Ich wünsche Ihnen viel Spaß beim Erleben und Entdecken des schönen Münsterlandes!

Urte Engelhard

Ahaus

(Kreis Borken)

Die Stadt Ahaus (39 000 Einwohner) liegt am Kleinfluss Ahauser Aa, eingebettet in die westmünsterländische Landschaft nahe der Grenze zu den Niederlanden. Die Stadt blickt auf eine fast 1000-jährige Geschichte zurück. Im 19. Jahrhundert prägte die Textilindustrie das Leben in der Stadt.

Ahaus Marketing & Touristik GmbH
Oldenkottplatz 2
48683 Ahaus
02561/444444
www.ahaus.de

Sehenswertes

Schloss Ahaus
Das Jagdschloss (Barock) wurde zwischen 1688 und 1695 durch den Kapuzinermönch Ambrosius von Oelde gebaut. Auftraggeber war der Fürstbischof Friedrich Christian von Plettenberg. 1945 wurde das Schloss durch einen Bombenangriff zerstört und damit auch die die barocke Ausstattung vernichtet. Der Kreis Ahaus erwarb die Ruine nach dem Krieg und baute das Schloss wieder auf, der Fürstensaal wurde bis 1996 restauriert. Der Schlosspark ging in das Eigentum der Stadt Ahaus über.
Adresse: Oldenkottplatz, 48683 Ahaus

Haarmühle
1619 wurde die Mühle in ihrer heutigen Form errichtet und erstmals im Jahre 1776 an Heinrich Wülfering gen. Haarmann verpachtet. 1930 wurde eine Gastwirtschaft darin eröffnet. Seit 1982 ist die denkmalgeschützte und voll betriebsfähige Wassermühle Eigentum der Stadt Ahaus. Die Haarmühle kann besichtigt werden und beherbergt ein beliebtes Erlebnis-Ausflugslokal der besonderen Art.
Kontakt: Beßlinghook 57, 48683 Ahaus-Alstätte, 02567/93190, www.haarmuehle.de

Villa van Delden
Die Villa van Delden aus dem 19. Jahrhundert ist das letzte prächtige Bürgerhaus der Stadt und spiegelt die Glanzzeit der Textilindustrie wider. Die Jute-Spinnerei und Weberei van Delden war industrielles Zentrum für das ganze Umland. Die Villa ist in städtischem Besitz und dient als Haus der Begegnung.
Kontakt: Bahnhofstraße 91, 48683 Ahaus, 02561/43327

Museen

Torhausmuseum und Schulmuseum
Im Torhausmuseum im Schloss Ahaus können Gebrauchsgegenstände des täglichen Lebens und Luxusartikel aus fürstbischöflichem Besitz sowie Zeugnisse aus Ahauser Fabriken besichtigt werden.
Im zweiten Torhaus befindet sich seit 2002 das Schulmuseum. Es zeigt anhand von originalen Zeugnissen die Geschichte des Schulwesens.
Kontakt: Schlossplatz, 48683 Ahaus, 02561/2143, Martin Hoff, 0177/4062090, www.schulmuseum-ahaus.de

Freizeit & Natur

Naturschutzgebiete & Moore
Das Witte Venn an der Grenze zu den Niederlanden ist Natur in Form von Mooren, Heiden, Wäldern und ideal zum Radfahren und Wandern. Es bietet Lebensräume für seltene Pflanzen- und Tierarten sowie Weideflächen für schottische Hochlandrinder.
An der niederländischen Grenze liegt das Moorgebiet Amtsvenn, wo bis vor ca. 45 Jahren Torf gestochen wurde.

Die **Bröke** umfasst 420 ha Waldgebiet, dort kann auch „Moi Höltken“ bewundert werden, ein 350 Jahre alter Eichenstamm. 1990 wurde die Eiche bei einem Sturm zerstört. Im Rathaus erinnert eine Baumscheibe an verschiedene geschichtliche Ereignisse der Stadt Ahaus.

▸ Ballonfahrten & Schnupperflüge

Ballonfahrten werden von einem anerkannten Luftfahrtunternehmen im Auftrag von Ahaus Marketing durchgeführt. Termine ganzjährig nach Vereinbarung. Auch Flüge im Ultraleichtflugzeug können über Ahaus Marketing gebucht werden.
Kontakt: Ahaus Marketing,
☏ 02561/444444

▸ Bauerngolf

Bauerngolf wird auf der Weide gespielt. Als Schläger dient ein Klumpen (Holzschuh), der an einem Stiel befestigt ist, damit muss der Ball mit möglichst wenigen Schlägen ins Loch befördert werden. Ahaus Marketing bietet dieses Spiel für Gruppen an. Getränke werden auf Anfrage in einem Bollerwagen zusammengestellt.
Kontakt: Ahaus Marketing,
☏ 02561/444444

▸ Bosseln

Die zweistündige geführte Wanderung durch Ahauser Waldgebiete inklusive Schnaps wird von Ahaus Marketing angeboten.
Kontakt: Ahaus Marketing,
☏ 02561/444444

Das von einer Gräfte umgebene Schloss Ahaus

Freizeitgelände
Das Freizeitgelände an der Ork bietet Bolzplätze, Hangrutsche, Hockeyhalle und Skaterplatz.
Kontakt: Freizeitgelände an der Ork, 48683 Ahaus

Golf
Golffreunde kommen in der 27-Loch-Golfanlage des Golf- & Landclub Ahaus e.V. zwischen den Ahauser Ortsteilen Alstätte und Ottenstein nahe der niederländischen Grenze auf ihre Kosten.
Kontakt: Schmäinghook 36, 48683 Ahaus, 02567/405, www.glc-ahaus.de

Segway
Ahaus Marketing bietet geführte Segway-Touren an, bei denen Ahaus auf zwei Rädern entdeckt werden kann.
Kontakt: Ahaus Marketing, 02561/444444

Schwimmen
Das Aquahaus in Ahaus ist eine Kombination aus Hallenbad und Freibad. Das Freibad bietet neben einem Wellenbecken auch ein Erlebnisbecken mit verschiedenen Attraktionen.
Kontakt: AquAHAUS, Unterortwick 32, 48683 Ahaus, 02561/82299

Reiten
Die Pferderegion Münsterland bietet über 1000 km Reitrouten, Aus- und Wanderritte, zahlreiche Reitschulen und Reitveranstaltungen von internationalem Rang.
Kontakt: www.muensterland-tourismus.de/2523/reiten_muensterland oder über Ahaus Marketing

Veranstaltungen & Feste

Die **Ahauser Kirmes** mit Fahrgeschäften und Unterhaltung findet jedes Jahr im September statt.

Ahlen

(Kreis Warendorf)

Die Stadt Ahlen (54 000 Einwohner) im westlichen Münsterland wurde um 850 gegründet und wuchs im Schutze eines bischöflichen Amtshofes heran. Prägend für die Stadt waren in der Industrialisierung der Strontianitbergbau und v.a. der Steinkohlebergbau in der „Zeche Westfalen".

WFG Wirtschaftsförderungsgesellschaft Ahlen mbH
Beckumer Straße 34
59229 Ahlen
02382/964300
www.ahlen.de

Sehenswertes

Historischer Marktplatz
Der Marktplatz im Herzen der Altstadt ist umgeben von historischen Gebäuden. Hier wurde Ahlen um 850 gegründet.

Kirchen
Die gotische Hallenkirche **St. Bartholomäus** (Ende 15./Anfang16. Jahrhundert) am Marktplatz gilt als eine der ersten Urpfarreien im Münsterland (ab ca. 800).
Die katholische **Pfarrkirche St. Marien** im frühgotischen Stil aus dem 13. Jahrhundert wandelte sich seit Anfang des 20. Jahrhunderts durch Veränderung in eine neugotische Kirche.
In Vorhelm ist die im neugotischen Stil erbaute **St. Pankratius** aus dem Jahr 1803 mit einem Bronze-Sandsteinaltar des Künstlers Bernhard Kleinhans ausgestattet.
Die **St. Lambertus Kirche** bildet den Mittelpunkt des Dorfzentrums von Dolberg.

Die Zeche Westfalen ist heute ein Unternehmens- und Freizeitpark

‣ Zechensiedlung
Die Zechensiedlung Neustadt von 1910 bis 1924 wurde nach dem Gartenstadtprinzip errichtet und steht unter Denkmalschutz.

Museen

‣ Kunstmuseum Ahlen
Das Kunstmuseum bietet Ausstellungen mit Werken der klassischen Moderne bis zu moderner zeitgenössischer Kunst.
Kontakt: Museumsplatz 1, 59227 Ahlen, ☏ 02382/91830

‣ Fritz-Winter-Haus
In seinem ehemaligen Elternhaus werden Werke des Bauhausschülers und Wegbereiters der modernen Malerei ausgestellt.
Kontakt: Söderberg 72–74, 59229 Ahlen, ☏ 02382/61582, 🌐 www.fritz-winter-haus.de

‣ Museum im Goldschmiedehaus
Sakrale Goldschmiedekunst, die Geschichte der Zeitmessung, jüdische Kultgeräte und Schätze des Buddhismus werden im Goldschmiedehaus präsentiert.
Kontakt: Oststraße 69, 59227 Ahlen, ☏ 02382/3467, 🌐 www.museumimgoldschmiedehaus.de

‣ Heimatmuseum
Über das ackerbürgerliche Leben, die Geschichte des Ackerbaus, die Strontianit- und Steinkohlegewinnung informiert das Heimatmuseum in einem ehemaligen Ackerbürgerhaus aus dem 16. Jahrhundert.
Kontakt: Wilhelmstraße 12, 59227 Ahlen, ☏ 02382/59-290 o. -529

Freizeit & Natur

‣ BigWall Kletterzentrum
Das Kletterzentrum bietet über 120 qm Kletterfläche im Toprope oder Vorstieg. Der Hochseilgarten mit zwei Ebenen ermöglicht zehn verschiedene Klettertouren.
Kontakt: Zeche Westfalen 1, 59229 Ahlen, ☏ 02382/9698100, 🌐 www.bigwall.de

Brennereibesichtigung & Traktortouren
An einer Brennereiführung mit Verkostung kann man auf dem Hof Schulze Rötering teilnehmen. Hier gibt es auch einen Hofladen, eine Backstube und ein Landcafé. Für alle Traktorenfans werden zudem Traktortouren auf restaurierten Oldtimern angeboten.
Kontakt: Prozessionsweg 115, 59227 Ahlen, 02382/2742, www.schulze-roetering.de

Jupp-Foto-Club
Ausstellungen der Zechengeschichte mit Führung werden hier angeboten.
Kontakt: Glückaufplatz 11, 59229 Ahlen, jupp.foto.club@gmx.de

Schwimmen & Sauna
Das Parkbad mit großer Saunalandschaft im Berliner Park erfreut sich bei sportlichen und gesundheitsbewussten Gästen großer Beliebtheit.
Kontakt: Dolberger Straße 66, 59229 Ahlen, 02382/788249, www.baedergesellschaft-ahlen.de

Tandemfahren
Durch Ahlen radeln mal anders, mit 20er und 22er Tandems, macht großen Spaß.
Kontakt: Tandemvermietung Gerkmann, Robert-Bosch-Straße 10, 48346 Ostbevern

Zeche Westfalen
Alte Industriekultur geht hier einher mit modernen Unternehmen, Freizeit- und Kulturangeboten, welche den historischen Industriegebäuden neues Leben einhauchen.
Kontakt: Zeche Westfalen 1, 59229 Ahlen, 02382/702149, www.zechewestfalen.de

Radfahren
Die *Römer-Lippe-Route* ist ein 400 km langer Radweg, der auch an Dolberg vorbeiführt. Auf dem *Werse Radweg* kann man über 125 km entlang der Werse, rund um Ahlen und durch Parklandschaften radeln.
Informationen: www.roemerlipperoute.de, www.werseradweg.de

Veranstaltungen & Feste

In Ahlen gibt es eine **Maikirmes** im April/Mai und eine **Herbstkirmes** im September/Oktober.
Die Ahlener **Schützenfeste** der vielen örtlichen Schützenvereine werden an den Wochenenden im Mai/Juni gefeiert.

Altenberge

(Kreis Steinfurt)

Altenberge (10 200 Einwohner) wurde wahrscheinlich um 800 als eine der Urpfarreien des Bistums Münster von Bischof Liudger gegründet. Die Landschaft um Altenberge ist geprägt von Bauernhöfen, Wallhecken und Landwehren und ist typisch für die Münsterländer Parklandschaft. Der Altenberger Höhenrücken bietet einen guten Rundumblick über das Münsterland, die Baumberge bis zum Teutoburger Wald.

Touristik-Service der Gemeinde Altenberge
Kirchstraße 25
48341 Altenberge
02505/820
www.altenberge.de

Sehenswertes

Eiskeller
Der Eiskeller der ehemaligen Brauerei Beuing besteht aus einer weiträumigen Kelleranlage mit mehreren Stockwerken. Hier wurden früher die Bierfässer gelagert und das Eis zur Kühlung aufbewahrt. In der untersten Ebene

beziehen im Winter bedrohte Fledermausarten ihr Quartier. Das Informationszentrum „Eisscholle" bildet den Eingang zum Kellerlabyrinth und präsentiert eine Ausstellung über die Geschichte der Brauerei.
Kontakt: Gooiker Platz 4, 48341 Altenberge, Gemeinde Altenberge, 02505/82-32 o. -33

Bürgerhaus
Das Bürgerhaus aus Fachwerk mit Backsteinfront wurde um 1840 erbaut und stellt ein bedeutendes Zeugnis aus der Spätzeit der Wohn- und Wirtschaftshäuser des Münsterlandes dar. Es dient heute als Bürgerhaus und beherbergt ein Restaurant.
Adresse: Kirchstraße 13, 48341 Altenberge

Haus Plettendorf (Ammenhaus)
In diesem Haus lebte Katharina Plettendorf, die Amme von Annette von Droste-Hülshoff.
Adresse: Teichstraße 4, 48341 Altenberge

St. Johannes Baptist
Die katholische Pfarrkirche, eine gotische Hallenkirche aus dem 15. Jahrhundert, ist mit ihrem weithin sichtbaren Turm (75 m hoch) das Wahrzeichen von Altenberge.
Adresse: Kirchstraße, 48341 Altenberge

Heimathues „Kittken"
Das Fachwerkhaus wurde 1840 errichtet und 1910 erweitert. Das ehemalige Ackerbürgerhaus diente von 1889 bis 1930 dem Dorfpolizisten als Wohnstube und Arrestlokal. Seit den 1990er-Jahren hat der Heimatverein das Gebäude restauriert und dort ein Heimathaus eingerichtet.
Adresse: Friedhofstraße 9, 48341 Altenberge

Krüselinde
Die 300 Jahre alte Sommerlinde ist das eigentliche Wahrzeichen von Altenberge. Zu der Zeit Karls des Großen befand sich an diesem Ort ein „Freistuhl" (Gerichtssessel eines Femegerichtes).

Museen

Museum Zurholt
Im Museum Zurholt werden seltene Fossilien, Mineralien und Findlinge aus der Region um den Altenberger Rücken präsentiert und die Geschichte und Vielfalt der Gesteine veranschaulicht.
Kontakt: Lindenstraße 8, 48341 Altenberge, 02505/8221, www.museum-zurholt.de

Schlepper- und Gerätemuseum
Im ehemaligen Gebäude der Firma Landmaschinen-Schlepperbau Heinrich Wesseler OHG, die 1936 bis 1966 die bekannten Wesseler-Traktoren fertigte, kann man heute alte landwirtschaftliche Maschinen, Schlepper, Traktoren und Geräte sehen und erfährt so manches über Altenberger Geschichte, Brauchtum, Alltag und Arbeit aus alter Zeit.
Kontakt: Kümper 110 b, 48341 Altenberge, 02505/937225, www.schleppermuseum-altenberge.de

Freizeit & Natur

Reiten
Ein 25 km langer „Integrativer Reitweg" mit breiten Wegen, festem Untergrund und frei von Hindernissen führt von Altenberge aus durch die Münsterländer Parklandschaft. Fünf Stationen, behindertengerecht und pferdefreundlich ausgestattet, liegen an der Strecke.
Es gibt mehrere Reiterhöfe und Vereine in Altenberge. Auf dem Gestüt Lindenhof leben rund 100 Islandpferde, hier kann man alles über diese freundliche Rasse erfahren, es gibt eine Reitschule. Der Ferienhof Rustemeier ist ein Bauernhof und Ferienhof, der neben vielen anderen Tieren auch Pferde und Ponys hat. Der Zucht-, Reit- und Fahrverein bietet Reitunterricht und -kurse an.
Informationen: Verein Wegbereiter e. V., www.wegbereiter.org

Kontakt:
Gestüt Lindenhof, Entrup 165, 48341 Altenberge, ☏ 02505 2679, https://gaedingar-group.de/lindenhof
Ferienhof Dirk Rustemeier, Entrup 169, 48341 Altenberge, ☏ 02505/1285, 🌐 www.ferienhof-rustemeier.de
Zucht-, Reit- und Fahrverein Altenberge e. V., Entrup 204 a, 48341 Altenberge, ☏ 02505/408301, 🌐 www.rv-altenberge.de

▸ ☺ Schwimmen
Das Hallenbad Altenberge hat ganzjährig geöffnet.
Kontakt: Gooiker Platz 2, 48341 Altenberge, ☏ 02505/2200

▸ Wandern
Zahlreiche Rundwanderwege (30 km) und Wirtschaftswege (56 km) laden zu Wanderungen, Fahrradtouren und Planwagenfahrten ein. Durch den Ort Altenberge führt ein *Baumlehrpfad* mit Krüsellinde, auf dem man sein Wissen über die Bäume auffrischen kann.

Veranstaltungen & Feste

Die Siedlungsgemeinschaft Krüsel in Altenberge feiert im September das **Krüselfest** im Krüselpark. Mit Bollerwagen und Musik zieht die Krüselgemeinschaft durch die Siedlung zum Zelt, dort gibt es Spiele und der neue Krüselkönig wird gekürt.

Ascheberg

(Kreis Coesfeld)

Im südlichen Münsterland gelegen, befindet sich die Gemeinde Ascheberg (15 000 Einwohner) inmitten einer von Schlössern, Burgen und Herrensitzen gekennzeichneten Landschaft. Das Ortsbild wird geprägt durch den 81 m hohen neugotischen Kirchturm der St. Lambertus-Kirche.

Ascheberg Marketing e. V.
Katharinenplatz 1
59387 Ascheberg
☏ 02593/6324
🌐 www.ascheberg-touristinfo.de

Sehenswertes

▸ Schloss Westerwinkel
Westerwinkel wurde 1663 bis 1668 als frühbarockes Wasserschloss erbaut und ist von einem englischen Park umgeben. Die ehemalige Ritterburg wurde bereits 1225 erwähnt. Teilweise wird das Schloss von dem Besitzer Graf von Merveldt bewohnt. Im Park liegt ein Golfplatz, außerdem kann man hier herrlich wandern. Besichtigung nach Voranmeldung.
Kontakt: Horn-Westerwinkel 1, 59387 Ascheberg-Herbern, ☏ 02599/98878

▸ Schloss Itlingen
Das Herrenhaus ist eine Mischung aus Schloss und Burg (vollendet 1775), die heutige barocke Bauweise verdankt die Burg Johann Conrad Schlaun. Nur eine Außenbesichtigung ist möglich.
Adresse: Forsthövel-Merschstraße 125, 59387 Ascheberg-Herbern

▸ Burgturm und Burgkapelle
Von der ehemaligen Burg Davensberg (1263) blieb nur der 30 m hohe Burgturm von der Zerstörung verschont und dient heute als Heimatmuseum mit Folterraum. Die Burgkapelle St. Anna aus dem 13. Jahrhundert wurde zu einer Kirche umgebaut und besitzt den berühmten Klappaltar von Johann Brebender.
Adresse: Burgstraße 22, 59387 Ascheberg

Das mächtige Barockschloss Westerwinkel

‣ Haus Byink
Von der ehemaligen Wasserburg sind heute noch das Bauhaus und das Torhaus erhalten, welches von Baronin Beverförde bewohnt wird.
Adresse: Byinkstraße 20, 59387 Ascheberg

‣ St. Lambertus
Die katholische Pfarrkirche ist wahrscheinlich die Urpfarre des heiligen Liudger. Erstmals 1022 urkundlich erwähnt, wurde sie 1524 im neugotischen Stil erbaut. Auch hier wurden nach Schlauns Entwürfen im 18. Jahrhundert bauliche Veränderungen vorgenommen. Ihr Turm ist 80 m hoch. Sehenswert ist die Strahlen-Madonna.
Adresse: Lambertus-Kirchplatz 14, 59387 Ascheberg

Freizeit & Natur

‣ Golf
Die 18-Loch-Anlage des Golfclubs Westerwinkel e. V. liegt vor wunderschöner Kulisse im Schlosspark Westerwinkel. Sie eignet sich für Golfer aller Spielstärken und ist so gestaltet, dass Spieler aller Handicaps zu ihrem Recht kommen.
Kontakt: Gewerblicher Golfplatz Westerwinkel, 59387 Ascheberg-Herbern, ✆ 02599/92222, 🌐 www.gc-westerwinkel.de

‣ ☺ Naturschutzgebiet Davert
Die Davert, ein sagenumwobenes Wald- und Moor-Sumpfgebiet mit knorrigen Eichen, stillen Waldwiesen und Moorwäldern, bietet abwechslungsreiche Landschaftsformen mit vielfältigem Artenreichtum („wild“ lebende

Weidetiere) und lädt zum Wandern und Radfahren ein. Naturerlebnis-Rucksäcke mit Becherlupe, Fernglas und Informationen können bei der NABU-Naturschutzstation Münsterland oder bei Ascheberg Marketing ausgeliehen werden.
Kontakt: Ascheberg Marketing e. V., Katharinenplatz 1, 59387 Ascheberg, 02593/6324, NABU Münsterland, 02501/9719433

▸ SwinGolf
Das von bäuerlichen Spielen abgeleitete SwinGolf ist ein einfaches und geselliges Outdoor-Spiel für Gruppen. Der Gasthof Eickolt in Davensberg verfügt über eine Anlage und Ausstattung.
Kontakt: Frieport 22, 59387 Ascheberg-Davensberg, 02593/7565, www.gasthaus-eickholt.de

Rund um Schloss Ascheberg verlaufen idyllische Wege

▸ Radfahren
Vier *Kleeblatt-Radrouten* führen durch die Naturschutzgebiete im Kreis Coesfeld.

▸ Rundflüge
Mit dem Ul Trike, einem motorisierten Deltadrachen, können Rundflüge in Begleitung eines Piloten über Ascheberg und Umgebung unternommen werden.
Kontakt: Ascheberg Marketing e. V., 02593/6324

▸ Westfälischer Jakobsweg
Ascheberg liegt auf der Jakobsweg-Etappe *Westfälischer Friedensweg,* die über Lengerich, Ladbergen, Münster, Hiltrup, Rinkerode, Herbern führt. Pilger können ihren Pilgerstempel in der St. Benedikt-Kirche abholen.
Kontakt: Benediktus-Kirchplatz 10, 59387 Ascheberg
Informationen: www.jakobspilgerweg.lwl.org, www.deutsche-jakobswege.de, www.pilger-weg.de

Veranstaltungen & Feste

Im Juli finden die traditionellen **Kirmesveranstaltungen** Benediktus in Hebern, St. Ana in Davensberg und Jacobi in Ascheberg statt. Die Jacobi-Kirmes ist die größte Dorfkirmes im Münsterland.
Im idyllisch gelegenen Schloss Westerwinkel werden in den Sommermonaten (Mai bis September) **Schlosskonzerte** mit klassischer Musik geboten.

Bad Bentheim

(Grafschaft Bentheim)

Die Stadt Bad Bentheim (15 700 Einwohner) ist ein Kur- und Badeort und wurde 1050 erstmals urkundlich erwähnt. Die Burg Bentheim (1116) der Grafen von Bentheim bildet als mittelalterliche Wehranlage des 13. und 14. Jahrhunderts das Wahrzeichen der Stadt. Natürliche Vorkommen sind Schwefelquellen, daher ist der Kur- und Badebetrieb möglich, und Bentheimer Sandstein, welcher aus den Bentheimer und Gildehauser Gruben gefördert wurde.

Tourist-Information Bad Bentheim
Schlossstraße 18
48455 Bad Bentheim
05922/98330
www.badbentheim.de

Sehenswertes

Burg Bentheim
Die mittelalterliche Wehranlage befindet sich im Zentrum der Stadt. Der Bergfried, der sogenannte Pulverturm, bietet einen weiten Blick über die Stadt.
Die Burg kann besichtigt werden.
Adresse: Schloßstraße, 48455 Bad Bentheim

Barockkirche
Eine Barockkirche mit calvinistischer Innenausstattung ist die evangelisch-reformierte Kirche (1696), die Grundmauern sind aus dem Jahr 1321.
Adresse: Kirchstraße 15, 48455 Bad Bentheim

Kloster Bardel
Gegründet 1922 als Missionskloster von der nordostbrasilianischen Franziskanerprovinz des Hl. Antonius, leben hier heute noch Franziskaner.
Adresse: Klosterstraße 11, 48455 Bad Bentheim

Turmwindmühle
Die Gildehauser Ostmühle ist eine holländische Turmwindmühle, auch Erdholländer genannt, die 1749/50 aus Bentheimer Sandstein erbaut wurde. Seit 1986 ist sie wieder funktionsfähig, aus dem gemahlenen Korn wird im Backhaus nebenan Brot gebacken. Betreiber ist der Verkehrs- und Verschönerungsverein Gildehaus. Führungen für Gruppen sind nach vorheriger Anmeldung möglich.
Kontakt: Ostmühle Gildehaus und Backhaus, Mühlenberg, 48455 Bad Bentheim, 05924/233

Museen

Bentheimer Sandsteinmuseum
Das Bentheimer Sandsteinmuseum in einem alten Ackerbürgerhaus informiert über Abbau, Bearbeitung, Transport, Verwendung und Geologie des Sandsteins.
Kontakt: Funkenstiege 5, 48455 Bad Bentheim, 05922/994277, www.sandsteinmuseumbadbentheim.de

Mächtig ragt der Bergfried der Burg Bentheim auf

▸ Otto-Pankok-Museum
Das Museum erinnert an den Kohlezeichner, Karikaturisten und Holzschneider Otto Pankok, der 1936 einen Sommer in Gildehaus verbrachte und zu den „entarteten" Künstlern im Dritten Reich zählte.
Kontakt: Altes Rathaus, Neuer Weg 17, 48455 Bad Bentheim-Gildehaus, ☎ 05924/6128, 🌐 www.pankok-museum.de

▸ Friedrich-Hartmann-Museum
In der ehemaligen Lukasmühle befindet sich das Museum über den Heimatmaler Friedrich Hartmann, der seine Farben aus Mineralien und Erde selbst herstellte.
Kontakt: Am Mühlenberg 1, 48455 Bad Bentheim-Gildehaus, 🌐 www.friedrich-hartmann-museum.de

▸ Museum am Herrenberg
Gemälde niederländischer Meister aus dem 17. Jahrhundert können hier besichtigt werden.
Kontakt: Am Herrenberg 1, 48455 Bad Bentheim

▸ Haus Westerhoff
Künstler und Kunsthandwerker stellen ihre Werke im 1989 bis 1991 restaurierten Haus Westerhoff aus. Es handelt sich um ein Ackerbürgerhaus aus dem Jahr 1656, welches als eines der schönsten der Stadt gilt.
Kontakt: Heeresstraße 1, 48455, Bad Bentheim, ☎ 05922/98330

Freizeit & Natur

Freilichtbühne
Die Bentheimer Freilichtbühne liegt in natürlicher Kulisse in drei ehemaligen Steinbrüchen. Hier werden im Sommer Stücke für Kinder und Erwachsene aufgeführt.
Kontakt: An der Freilichtbühne, 48455 Bad Bentheim, 05922/994656, www.freilichtspiele-badbentheim.de

Schwimmen
Das Erlebnisbad mit 60-m-Wasserrutsche und Strömungskanal bietet ganzjähriges Badevergnügen im Hallen- und Naturfreibad.
Kontakt: Zum Ferienpark 1, 05922/99945-0, www.badepark-bentheim.de

Wandern
Im Bentheimer Wald kann man auf dem *Walderlebnispfad* und im Hutewald Natur hautnah erfahren. Die *Moor-Route* führt durch das Naturschutzgebiet Gildehauser Venn, einer Moorlandschaft mit Birkenwäldern, Moorweihern, Dünenrücken und besonders artenreiche Fauna. Der *Sandsteinweg* führt entlang von Steinbrüchen, Felsen und Sandsteinmauern.

Veranstaltungen & Feste

Das **StoneRock Festival** ist ein Rock-Festival, das jedes Jahr im Sommer (Jui/August) von Jugendlichen für Fans von Independent-Rockmusik veranstaltet wird. Hier treten bekannte und weniger bekannte Bands auf.

Das **Stadtschützenfest Bad Bentheim** wird Anfang September eine Woche lang gefeiert. Es gibt Konzerte, Unterhaltung, Königsschießen etc.

Bei der **Musiknacht im Herbst** wird in verschiedenen Kneipen und Lokalen ein vielseitiges Musikprogramm angeboten, es ist für jeden Geschmack etwas dabei.

Die Gildehauser Ostmühle ist ein beliebtes Ausflugsziel

Bad Waldliesborn

(Kreis Soest)

Bad Waldliesborn (5000 Einwohner), auch liebevoll „Walibo“ genannt, ist ein Stadtteil von Lippstadt im Kreis Soest und liegt in der südöstlichen Münsterländer Parklandschaft. Hier durchfließen Flüsse und Bäche die Felder, Wiesen, Weiden, Wälder, sodass Radfahrer, Spaziergänger, Kanufahrer, Nordic Walker optimale Bedingungen finden. Der Ort ist seit 1974 ein staatlich anerkanntes Thermalsoleheilbad. Auf die Quellen stieß man zufällig bei Probebohrungen nach Steinkohle.

Touristik & Marketing GmbH
Bad Waldliesborn
Quellenstraße 72
59556 Bad Waldliesborn
02941/948800
www.lippstadt-badwaldliesborn.de

Sehenswertes

St. Josef
Die katholische Pfarrkirche St. Josef ist eine denkmalgeschützte neobarocke Kirche, sie wurde 1929 bis 1930 erbaut.

Der Kurpark in Bad Waldliesborn mit Pavillon

Adresse: Parkstraße 21, 59556 Bad Waldliesborn

Freizeit & Natur

▸ Golf
Der Golfclub Lippstadt e. V. verfügt über eine 27-Loch-Golfsportanlage in reizvoller landschaftlicher Umgebung.
Kontakt: Wiesenhausweg 14, 59555 Lippstadt, ✆ 02941/810110, 🌐 www.golfclub-lippstadt.de

▸ Radfahren
Die südöstliche Münsterländer Parklandschaft lässt sich herrlich auf dem Fahrrad erkunden, zahlreiche Rundwege gibt es von Bad Waldliesborn ausgehend, z. B. die *Römer-Lippe-Route* zwischen Detmold und Xanten.
Informationen: 🌐 www.roemerlipperoute.de

▸ Thermalsolebad
Die Walibo Therme ist eine der größten Natursolethermen in Nordrhein-Westfalen. Sie verfügt über zwei Außenbecken und drei Innenbecken. Die Thermalsole in Bad Waldliesborn ist besonders kohlensäure-, jod- und eisenhaltig. In der großen Saunalandschaft mit verschiedenen Saunen und großem Saunagarten mit Ruheplätzen kann man Kraft und Erholung tanken.
Kontakt: Quellenstraße 60, 59556 Lippstadt-Bad Waldliesborn, ✆ 02941/800-1253, 🌐 www.walibo-therme.de

Veranstaltungen & Feste

30. April: Traditionelles **Maibaumaufstellen** auf dem Kurhausvorplatz mit dem Kurorchester, anschließend Tanz in den Mai.
Mai: Ein **mittelalterliches Dorffest** mit Markt und Heerlager im Kurpark Bad Waldliesborn.
Juli: Bad Waldliesborner **Schützenfest** auf dem Schützenplatz.
September: **Folk im Park** an der Konzertmuschel im Kurpark für Liebhaber der irischen und schottischen Folk-Musik.

Beckum

(Kreis Warendorf)

Beckum (36 700 Einwohner), seit 1124 im Besitz der Stadtrechte, liegt inmitten der Beckumer Berge. Ehemalige Steinbrüche bilden heute beliebte Naherholungsgebiete. Industriell ist Beckum bis heute durch die Zementproduktion geprägt, die im 19. Jahrhundert ihren Anfang fand. Die Stadt entwickelte sich zu einem der größten Zementreviere der Welt. Zwei Zementwerke sind noch aktiv.

Stadtmarketing Beckum
Weststraße 46
59269 Beckum
✆ 02521/29172
🌐 www.beckum.de

Sehenswertes

▸ Historisches Rathaus
Am Marktplatz befindet sich das Alte Rathaus von 1441 mit Treppengiebeln und Arkaden, welches das Stadtmuseum beherbergt.
Adresse: Markt 1, 59269 Beckum

▸ Propsteikirche St. Stephanus und Sebastian
Ihre erstmalige urkundliche Erwähnung als Pfarre hat die Propsteikirche 1134, sie gehört zu den Urpfarren des Münsterlandes und zählte zu den vier bischöflichen Kaplaneien. Sehr wertvoll ist der Reliquienschrein (Prudentiaschrein). Zwölf große Kirchenglocken lassen täglich um 11.45 und 17.45 Uhr Melodien erklingen.
Adresse: Clemens-August-Straße 25, 59269 Beckum

▸ Kreisständehaus
Das Kreisständehaus mit der Parkanlage Westenfeuermarkt ist ein neugotischer Gebäudekomplex von 1886 mit prunkvoller Innengestaltung. Es diente u. a. als Wohnung des Landrates, als Beckum Verwaltungszentrum war.
Adresse: Weststraße 57, 59269 Beckum

▸ Dormitorium
Vom ehemaligen Kloster Maria Blumenthal (1446–1814) besteht nur noch das Dormitorium, in dem sich heute ein Heimatarchiv befindet.
Kontakt: Stefan Wittenbrink, ☏ 02521/824222

Die Reste eines alten Zementwerks bei Beckum

Museen

▸ Stadtmuseum
Das Museum präsentiert die Stadtgeschichte Beckums, außerdem werden ein Tante-Emma-Laden, eine Wohnküche und ein Karnevalszimmer ausgestellt.
Kontakt: Markt 1, 59269 Beckum, ☏ 2521/29-264

▸ Museumsschmiede am Kolpinghaus
In der denkmalgeschützten Schmiede Galen neben der Stephanuskirche können Schmiedevorführungen besucht werden.
Kontakt: Ferdinand Plaßmann, ☏ 02521/6806

▸ Höxbergmühle
Bei der sanierten Windmühle auf dem Höxberg handelt es sich um einen Erdholländer aus dem Jahr 1853. Die funktionsfähige Mühle ist ein Wahrzeichen der Gegend und kann nach Absprache besichtigt werden.
Kontakt: Unterberg 33, 56269 Beckum, Hubertus Lütke, ☏ 02521/17239

▸ Zementmuseum
Seit wann, wie und wofür wurde in Beckum Zement hergestellt? Welche Vorteile entstanden daraus für die wirtschaftliche Entwicklung? Die Antworten auf diese Fragen erhält man im Zementmuseum in der Köttings-Mühle.
Kontakt: Hammer Straße 12, 56269 Beckum, www.zement-museum.de

Freizeit & Natur

▸ Aktivpark Phoenix
Im Aktivpark hat man die Wahl zwischen vielen Freizeitaktivitäten, wir z. B. Skateboardfahren, Angeln, Discgolfspielen, Klettern, Basketballspielen.
Kontakt:
Discgolf: TV Beckum, Abteilung Discgolf, Christian Morisse, 0170/9995070
Angelmöglichkeiten: Angelsportverein Holter e.V., Wilhelm Holtermann, Regelkamp 17, 59269 Beckum
Kletterwand: DAV, Sektion Beckum, Geschäftsstelle: Lönkerstraße 18, 59269 Beckum, 02521/28273

▸ Freizeitsee Tuttenbrock
Aus einem Kalksteinbruch ist ein wunderschöner Badesee entstanden, der einlädt zum Wasserskifahren, Baden, Wandern und Entspannen.
Kontakt:
Wasserskianlage: TwinCableBeckum, Am Tuttenbrocksee 7, 59269 Beckum, 02521/8214844, www.twincable-beckum.de
Angeln: Sportfischereiverein Beckum e.V., Andreas Ahlers, Temmestraße 13, 59302 Oelde, 05245/8479941, 0177/2148070

▸ Höxberg
Beckums Höhepunkt bildet mit 162 m der Höxberg mit seinem Panoramablick. Eine Schießanlage, ein Tiergehege, eine Voliere, eine Windmühle und Einkehrmöglichkeiten ziehen viele Ausflügler an.

▸ Schwimmen
Zwei Freibäder und ein Hallenbad bieten ganzjähriges Bade- und Schwimmvergnügen.
Kontakt:
Freibad Beckum, Dalmerweg 44, 59269 Beckum, 02521/950362
Freibad Neubeckum, Graf-Galen-Straße 12, 259269 Beckum, 02525/2962
Hallenbad, Paterweg 4, 59269 Beckum, 02521/950361

▸ Radfahren
Folgt man dem *Werse Rad Weg,* lernt man die Umgebung, die Naherholungsgebiete, die aus ehemaligen Steinbrüchen entstanden, kennen. Diese sind Zeugnis der in Beckum angesiedelten Zementindustrie.
Informationen: www.werseradweg.de

▸ Wandern
Im Naturschutzgebiet **Vellerner Brok** kann man vom Wanderparkplatz in Vellern auf Wanderwegen in die Bauerschaft Hoest und zum Hohen Hagen gelangen.

Veranstaltungen & Feste

Der **Beckumer Karneval** ist weithin bekannt, von Weiberfastnacht bis Klingelgelddienstag sind in der ganzen Stadt die Narren los.
Das traditionelle **Stadtfest in Neubeckum** wird immer am ersten Juniwochenende abgehalten.
Am 1. Septemberwochenende findet das **Beckumer Stadtfest, die „Pütt-Tage“,** statt, die an die „Beckumer Anschläge“ erinnern. Dabei handelt es sich um närrische Geschichten ähnlich den Schildbürgerstreichen.

Beelen

(Kreis Warendorf)

Beelen (6500 Einwohner) ist die kleinste eigenständige Gemeinde im Kreis Warendorf und durch seine Lage in der Münsterländer Parklandschaft ein geeigneter Ausgangspunkt für ausgedehnte und abwechslungsreiche Radtouren. Im Jahr 920 wurde in Beelen die erste Kirche eingeweiht.

Gemeinde Beelen
Warendorfer Straße 9
48361 Beelen
02586/8870
www.beelen.de

Sehenswertes

▸ Fachwerkhäuser
Das denkmalgeschützte Fachwerkhaus Haus Heuer in der Gartenstraße 18 stammt laut Inschrift aus dem Jahr 1711. Das Vierständerhaus hat viele An- und Umbauten erfahren. Weitere denkmalgeschützte Fachwerkhäuser befinden sich in der Letter Straße 1, 8 und am Kirchplatz 4 sowie das Kötterhaus (Hörster 27).

Freizeit & Natur

▸ Wandern & Radfahren
Der *Kerkherrenweg* ist eine Rundwanderstrecke (22 km) vom Kloster Clarholz zu den Pfarrkirchen von Beelen und Lette. Der Name nimmt Bezug auf die Verbindung des Prämonstratenserklosters Clarholz zu den beiden Kirchen. Auch mit dem Fahrrad macht der Rundwanderweg Spaß. Darüber hinaus lädt die Münsterländer Parklandschaft dazu ein, sie mit dem Rad zu durchfahren und zu genießen.

Veranstaltungen & Feste

Beim **Open-Air-Festival „Krach am Bach"** in Beelen (meist am 1. Augustwochenende) gibt es einen Mix aus Underground-Sounds und dröhnenden Gitarren. Das Festival ist eine Benefizveranstaltung, die Gewinne werden für einen guten Zweck gespendet.

Billerbeck

(Kreis Coesfeld)

Die schöne Kleinstadt Billerbeck (11 500 Einwohner) mit dem historischen Stadtkern befindet sich inmitten der reizvollen Landschaft des Münsterlandes. Die „Perle der Baumberge" mit ihrem interessanten und vielfältigen Charakter lädt zur Besichtigung vieler bedeutender Baudenkmäler und Veranstaltungen ein. Billerbeck ist ein staatlich anerkannter Erholungsort.

Tourist-Information Billerbeck
Markt 1
48727 Billerbeck
02543/7315 o. 7373
www.billerbeck.de

Sehenswertes

▸ Rathaus
Das als historisch bezeichnete Rathaus von 1892 aus Bamberger Sandstein mit neugotischer Fassade ist eigentlich das neue Rathaus. Denn das tatsächlich historische Rathaus (1697) musste dem Bau des Ludgerus-Doms weichen.
Adresse: Markt 1, 48727 Billerbeck

▸ Richthof
Der Richthof war ein fürstbischöflicher Amtshof und wurde erstmals 1217 erwähnt.

Die hochragenden Türme des Ludgerus-Doms sind ein Wahrzeichen von Billerbeck

Anstelle des früheren Richthofs wurde im 15. Jahrhundert eine Burg errichtet. Bis 1803, als das Fürstbistum Münster aufgehoben wurde, residierte hier der Stadtrichter. Das heutige Gebäude mit Gräfte stammt von 1820 und ist im privaten Besitz.
Adresse: Mühlenstraße 34, 48727 Billerbeck

▸ Ludgerus-Dom
Die Propsteikirche St. Ludgerus wurde in den Jahren 1892 bis 1898 von dem Münsteraner Architekten Wilhelm Rincklake als neugotische Basilika erbaut. Ihr musste das alte Rathaus weichen, da an dieser Stelle der Überlieferung nach der heilige Liudger am 26. März 809 gestorben sein soll.
Adresse: Markt, 48727 Billerbeck

▸ Johanniskirche
St. Johann ist eine alte Stadt- und Archidiakonatskirche und gehört zu den bedeutendsten spätromanischen Kunstdenkmälern in Westfalen. Ihr Grundstein wurde 1234 gelegt, 1425 wurde sie im gotischen Stil umgebaut.
Adresse: Johanniskirchplatz, 48727 Billerbeck

▸ Haus Beckebans
Es ist einer der schönsten und ältesten Profanbauten mit einem Renaissance-Giebel und Backsteinfassade mitten in Billerbeck. Das Haus Beckebans (erstmalig erwähnt 1409) stellt einen Übergangstyp zwischen städtischem Adelshof und reichem Bürgerhaus dar.
Adresse: Münsterstraße 6, 48727 Billerbeck

▸ Archidiakonatsgebäude
Bis 1825 war das Bistum Münster in kirchliche Verwaltungseinheiten, sogenannte Archidiakonate eingeteilt. Ein Archidiakon hatte seinen Sitz in Billerbeck. Der Sandsteinbau, in dem der Archidiakon residierte, stammt aus dem frühen 16. Jahrhundert.
Adresse: Johanniskirchplatz 11, 48727 Billerbeck

▸ Kloster Gerleve
Die Benediktinerabtei wurde 1899 über dem Tal des Honigbachs außerhalb der Stadt Billerbeck gegründet. 1901 bis 1904 wurden die Abteikirche und der Westflügel des Klosters errichtet.
Adresse: Gerleve 1, 48727 Billerbeck

▸ Kolvenburg
Die frühere Wasserburg stammt aus dem 15./16. Jahrhundert. Zuvor hatten Billerbecker Richter an dieser Stelle eine Burg errichtet (13. Jahrhundert). Das Herrenhaus ist typischer Wohnsitz des niederen Adels im Münsterland. Heute wird die Kolvenburg als Kulturzentrum des Kreises Coesfeld genutzt.
Kontakt: An der Kolvenburg 3, 48727 Billerbeck, www.kolvenburg.de

Freizeit & Natur

▸ Berkelaue
Das Naturschutzgebiet Berkelaue und der Flusslauf fast mitten durch die Stadt bilden einen attraktiven Erholungsbereich mit Wander- und Radwegen, Auen und Ruhezonen. Die Berkel wurde im Billerbecker Stadtgebiet renaturiert und damit teilweise in ihr altes Flussbett zurückverlegt.

▸ Freilichtbühne
Die Freilichtbühne Billerbeck führt in den Sommermonaten Stücke für Kinder und für Erwachsene auf. In den Wintermonaten gibt es Programm in der Studiobühne.
Kontakt: Weihgarten 17, 48727 Billerbeck, 02543/1020, www.freilichtbuehne-billerbeck.de

▸ Schwimmen
Das denkmalgeschützte, aber technisch moderne Freibad Billerbeck verfügt über ein 50-m-Becken sowie Springer- und Kinderbecken. Die Liegeweise bietet Platz für alle.
Kontakt: Osterwicker Straße, 48727 Billerbeck, 02543/1001

▸ Sportpark Billerbeck
Im Sportpark Helker Berg findet nicht nur reger Vereinssport statt, man kann auch Minigolf oder Bowling für jedermann spielen.
Kontakt: Helker Berg, 48727 Billerbeck, 02543/7757

▸ Wandern & Radfahren
24 Haupt-Fernwanderwege des Westfälischen Heimatbundes sind auf einer Länge von 2300 km mit einem weißen X gekennzeichnet. Rundwanderwege sind mit einem A markiert. Es gibt zwölf ausgewiesene Rundwege um Billerbeck mit einer Länge von 1 bis 10 km. Zahlreiche gekennzeichnete Radwege führen durch und um Billerbeck, die Münsterländer Parklandschaft und die Baumberge.

Veranstaltungen & Feste

Der traditionelle **Karnevalsumzug** zieht immer an Altweiberfastnacht mit zahlreichen Wagen und Fußgruppen durch die Billerbecker Straßen, die von tausenden Narren gesäumt werden.
Am letzten Wochenende im April findet auf dem Platz hinter dem Rathaus drei Tage lang die **Billerbecker Kirmes** statt. Parallel dazu gibt es rund um die Johanniskirche jede Menge Lesestoff auf dem alljährlichen **Büchermarkt.**
Dem heiligen Ludgerus ist der Name **„Gans Billerbeck“** geschuldet: An einem Sonntag

im Juni gibt es einen Gänsemarsch mit echten Gänsen vom Ludgerus-Dom zur Johanniskirche und einen Kleintiermarkt auf dem Johanniskirchplatz.
Am **Kerzenscheinsamstag** Anfang November erleuchten tausende Kerzen die historische Altstadt von Billerbeck und es gibt Attraktionen und Angebote rund um das Thema Licht.

Bocholt

(Kreis Borken)

Bocholt (73 700 Einwohner) liegt im westlichen Münsterland und ist die größte Stadt des Kreises Borken. Die Nähe zu den Niederlanden und zum Niederrhein bietet kulturinteressierten und aktiven Besuchern viel Abwechslung. Im Jahr 779 wurde „Bohholz" zum ersten Mal erwähnt, 1222 erhielt es die Stadtrechte. Mit der Industrialisierung bekam die Textilindustrie in Bocholt eine große Bedeutung, ein wirtschaftlicher Aufschwung sowie ein kräftiger Bevölkerungsanstieg gingen mit ihr einher. Sie wurde in der zweiten Hälfte des 20. Jahrhunderts durch die Elektro- und Metallindustrie abgelöst.

Tourist-Info Bocholt
Nordstraße 14
46399 Bocholt
02871/5044
www.bocholt.de

Der Aasee ist ein beliebtes Freizeit- und Naherholungsgebiet in Bocholt

Sehenswertes

‣ Historisches Rathaus und Europabrunnen
Erbaut 1618 bis 1624 im Stil der niederländischen Renaissance steht das Historische Rathaus quer und nicht mit der Giebelseite zum Markt. Früher wurde es als Wache, Fleischhalle, Waage und Gericht genutzt, heute als Standesamt. Vor dem Rathaus steht seit 1972 (zur 750-Jahrfeier) der Europa-Brunnen, eine Stahlplastik von Friedrich Werthmann.
Adresse: Markt 1, 46399 Bocholt

‣ Pfarrkirche St. Georg
St. Georg ist die erste Pfarrkirche der Stadt und gilt aufgrund von Größe und Ausgestaltung als einer der bedeutendsten Kirchenbauten Westfalens, die Grundsteinlegung erfolgte 1415.
Adresse: Sankt-Georg-Platz 1, 46399 Bocholt

‣ Pfarrkirche Liebfrauen
Die katholische Pfarrkirche, eine ehemalige Klosterkirche der Minoriten, wurde 1785 bis 1792 im spätbarocken Stil erbaut und später erweitert.
Adresse: Langenbergstraße 25, 46397 Bocholt

‣ Schloss Diepenbrock
Das Schloss im Stadtteil Barlo ist ein alter Rittersitz (1326) und wurde zwischen dem 15. und 17. Jahrhundert erbaut. Der Schlosspark beeindruckt durch seltenen Baumbestand. Nur Außenbesichtigung möglich.
Adresse: Schlossallee 1, 46397 Bocholt

‣ Neues Rathaus
Das moderne Rathaus am Berliner Platz entstand in den 1970er-Jahren. Der Architekt Gottfried Böhm erhielt dafür den Pritzker-Preis (Architekturpreis).
Adresse: Berliner Platz 1, 46395 Bocholt

Museen

‣ LWL-Industriemuseum-TextilWerk
Die „Museumsfabrik" mit Weberei und Spinnerei nach historischen Vorbild informiert über Geschichte und Gegenwart des Textilen. Hier erfährt man etwas über historische und moderne Technik, Modedesign und internationale Textilkunst. Ein Besuch der benachbarten Weberei ist möglich, es gibt kostenlose Führungen durch die Spinnerei.
Kontakt: Weberei: Uhlandstraße 50, 46397 Bocholt, Spinnerei: Industriestraße 5, 46395 Bocholt, ☏ 02871/21611-0, 🌐 www.lwl.org

‣ ☺ Bocholter Handwerksmuseum
Im alten Fachwerkhaus aus dem Jahr 1770 befinden sich historische Handwerkzeuge, die der Tischlermeister Walter Dues jahrzehntelang gesammelt hat. Vertreten sind 34 Handwerksberufe. Hier ist es möglich, Kindergeburtstage zu feiern.
Kontakt: Köcherstraße 4, 46395 Bocholt, ☏ 02871/15426 oder 182346, 🌐 www.bocholter-handwerksmuseum.de

‣ Stadtmuseum Bocholt
In dem Museum zur Geschichte und Kultur Bocholts können geologische und archäologische Funde, volkskundliche Exponate (Dokumentationen über die Entwicklung Bocholts, die Kunstsammlung des Kupferstechers Israhel van Meckenem, künstlerischer Nachlass des Bühnenbildners Josef Fenneker) besichtigt werden.
Kontakt: Osterstraße 66, 46397 Bocholt, ☏ 02871/184579, 🌐 www.stadtmuseum-bocholt.de

‣ ☺ Schulmuseum
200 Jahre Schulgeschichte des St. Georg-Gymnasiums mit Präsentation von Lehr- und Lernmaterialien und einer Schulraum-

Für festliche Stimmung sorgt der Weihnachtsmarkt vor dem Historischen Rathaus

inszenierung nach historischem Vorbild sind hier zu sehen.
Kontakt: St. Georg-Gymnasium, Adenauerallee 1, 46399 Bocholt, ☏ 02871/2391480

Freizeit & Natur

▸ ☺ Aasee
Das Naherholungsgebiet mit Badebucht, Bootsverleih, Tiefseilgarten, Spiel- und Fußballplätzen, Freizeithalle, Rundwanderweg u.v.m. erfreut sich großer Beliebtheit.

▸ ☺ Stadtwald
Die grüne Lunge Bocholts mit Tierpark, Spielplatz, Rodelberg und Gastronomie zieht Ausflügler an.

▸ Kanutouren
Natur pur erlebt man bei einer Kanutour auf der Aa.
Kontakt: My Kanutours & More, Alter Rhein-Weg 31, 46509 Xanten, ☏ 02801/9844058, 🌐 www.my-kanutours.de

Kartfahren
Die Indoor- und Outdoor-Kartarena bietet Einsteigern und Fortgeschrittenen rasanten Spaß.
Kontakt: Cockpit-Kartarena GmbH, Robert-Bosch-Straße 25, 46397 Bocholt, 02871/2394144 o. 0163/8899419, www.cockpit-kartarena.de

Radfahren
Durch Deutschlands fahrradfreundlichste Stadt führen zahlreiche Radrouten, wie die *Aa-Route*, die *100 Schlösser Route*, die *agricultura Erlebnisroute* und die *Flamingoroute*.
Informationen: www.100schloesserroute.de, www.agri-cultura.net, www.flamingoroute.com

Schlauchboot-Touren
Abenteuer und Spaß erlebt man in großen Funboats auf der Aa: von Rhede in die Bocholter Innenstadt. Anmeldung über die Tourist-Info in Bocholt.
Kontakt: Tourist-Info, 02871/5044

Schwimmen & Sauna
Die Wasserwelt mit Saunalandschaft des Inselbads Bahia lädt in karibischem Ambiente zur Entspannung ein.
Kontakt: Hemdener Weg 169, 46399 Bocholt, 02871/272660, www.bahia.de

Veranstaltungen & Feste

Der **Bocholter Rosenmontagsumzug** ist einer der größten im Münsterland und wird jährlich von 100 000 Narren und Närrinnen mit „Bokelt helau!" bejubelt.
Am dritten Oktoberwochenende wird die **Bocholter Kirmes** auf dem Berliner Platz gefeiert.
Im Dezember verzaubert der **Weihnachtsmarkt** vor dem historischen Rathaus die Bocholter Innenstadt mit Lichterglanz und Weihnachtsduft.

Borken

(Kreis Borken)

Die Stadt Borken (41 600 Einwohner) liegt im Westmünsterland und grenzt an die Niederlande. Die Kreisstadt blickt auf eine rund 790 Jahre alte Geschichte zurück, wovon man sich bei der Besichtigung der Herren- und Bürgerhäuser, der mittelalterlichen Stadttürme und Kirchen überzeugen kann.

Tourist-Info Borken
Neutor 5
46325 Borken
02861/939252
www.borken.de

Sehenswertes

Wasserburg Gemen
Das Wasserschloss Gemen ist über 900 Jahre alt und von einer großen Gräfte umgeben. Bauherren waren die Edelherren zu Gemen. 1822 ging es durch Verkauf an Johann Ignatz Franz von Landsberg-Velen und ist noch heute im Besitz der Familie. Allerdings hat das Bistum Münster die Burg seit 1946 gepachtet und hier eine Jugendbildungsstätte eingerichtet. Der Außenbereich kann besichtigt werden.
Adresse: Schloßplatz 1, 46325 Borken

Herrenhaus Pröbsting
Das heutige Wasserschloss stammt aus dem 13. Jahrhundert und war damals Rittergut und Adelssitz. Heute ist es Teil des Freizeitparks Pröbstingsee.
Adresse: Pröbstinger Allee 14, 46325 Borken-Hoxfeld

Mittelalterliche Stadttürme
In Borken stand eine romanische Burg aus dem Jahr 1263. Von der Burgmauer sind

Die Bockwindmühle in Borken-Weseke stammt ursprünglich aus Sachsen und kam über Bayern ins Münsterland

noch Reste vorhanden. Ferner gibt es fünf mittelalterliche Stadttürme:
Der **Diebesturm** (1326–1433) war von 1815 bis 1908 das Borkener Staatsgefängnis;
Der **Kuhmturm** ist der Versammlungsraum der Nachbarschaft Butenstadt;
Der **Wedemhoveturm** wird vom Natur- und Vogelschutzverein und für kleinere Kunstausstellungen genutzt;
Der **Windmühlenturm** wurde als städtische Windmühle zu Beginn des 17. Jahrhunderts ausgebaut, 1869 zerstörte ein Wirbelwind die Flügel (Privatbesitz);
Der **Holkensturm** ist Tagungsstätte der SPD und kleines Kommunikationszentrum, im Besitz der Stadt seit 1988.

‣ Propsteikirche St. Remigius
Die ursprüngliche Holzkirche wurde, nachdem sie zu klein war, 1160 in eine Kirche im romanischen Stil umgebaut.
Adresse: Remigiusstraße, 46325 Borken

‣ Pfarrkirche zur unbefleckten Empfängnis
Die Kirchen- und Klosteranlage der katholischen Pfarrkirche zur unbefleckten Empfängnis, ehemals Franziskanerkirche und Kloster, im Münsterländischen Barock gehört zu den wenigen im Münsterland erhaltenen städtischen Klöstern. Auch die Ausstattung ist fast komplett erhalten.
Adresse: Rhedebrügger Straße 61, 46325 Borken

‣ Ackerbürgerhaus Grave
Der Heimatverein Gemen e.V. nutzt das ehemalige Wohn- und Wirtschaftshaus aus dem 17./18. Jahrhundert, das ursprünglich ein Fachwerkhaus war.
Adresse: Achter de Waake 13, Borken-Gemen

Museen

▸ Stadtmuseum
Im historischen Rathaus und der angrenzenden Heilig-Geist-Kirche befindet sich das Stadtmuseum, in dem Exponate zur Stadtgeschichte Borkens, zum Buchdruck und zu aktueller Kunst ausgestellt werden. Zurzeit wird das Stadtmuseum Borken mit der Tourist-Info zum neuen Kulturort FARB Forum Altes Rathaus Borken umgestaltet, Eröffnung 2019.
Kontakt: Marktpassage 6, 46325 Borken, www.forumaltes-rathaus.borken.de

▸ Heimathaus Weseke
Das Heimathaus mit geologischem Garten und Apothekergarten zeigt das ländliche Leben in Borken vor rund 200 Jahren.
Kontakt: Hans-Sachs-Straße 16, 46325 Borken, 02862/589191 o. 0176/50125608 (Walter Tenbusch)

▸ Heimathaus Marbeck
Eine ständige Ausstellung zeigt alte landwirtschaftliche Arbeitsgeräte, Holz- und Bastelarbeiten, Spinnstube und Begegnungsstätte.
Kontakt: Schulstraße 1 b, 46325 Borken-Marbeck, 02867/490

Freizeit & Natur

▸ Freizeitpark Pröbstingsee
Rund um den Stausee bieten sich eine Vielzahl von Aktivitäten an: Neben Bademöglichkeiten gibt es den Planetenweg, der auf 6 km durch eine maßstabsgetreue Modelllandschaft des Sonnensystems führt. Im Kletterwald gibt es neun verschiedene

Auf dem Kommiesenpatt beidseits der Grenze lässt es sich herrlich wandern

Kletterparcours. Beim Bootshaus besteht die Möglichkeit, Kanus, Ruderboote, Paddelboote, Tretboote, Stand Up Paddlings auszuleihen.
Kontakt:
Kletterwald am Pröbstingsee, Pröbstinger Busch 16, 46325 Borken, ☏ 02861/604330, 🌐 www.kletterwald-borken.de
Bootshaus am Pröbstingsee, Pröbstinger Allee 11, 46325 Borken, ☏ 02861/9029494, 🌐 www.bootshaus-proebstingsee.de

▸ Garten Picker
Im wunderschöne Staudengarten im Stadtteil Weseke können fast 1300 Pflanzenarten bewundert werden sowie ein Bauern- und Kräutergarten, Rosen und Staudenbeete, Teiche und Wasserspiele. Von Ende August bis Mitte Oktober finden donnerstags Lichterabende statt.
Kontakt: Angelika und Berthold Picker, Eschwiese 2, 46325 Borken-Weseke, ☏ 02862/700041, 🌐 www.garten-picker.de

▸ Josef-Bresser-Sternwarte
Hier steht das bisher größte serienmäßig gebaute Teleskop. Beobachtungsabende des Mondes, der Planeten und Sterne finden jeden Donnerstag statt, weiterhin gibt es interessante und lehrreiche Vorträge.
Kontakt: Sternfreunde Borken e. V., Auf Kruse Bömken 21, 46325 Borken-Hoxfeld, ☏ 02861/805881, 🌐 www.josef-bresser-sternwarte.de, Anmeldung unter ☏ 02861/64840 (Günther Strauch)

▸ ☺ Naturschutzgebiet Burlo-Vardingholter Venn
Das Moor- und Heidegebiet besucht man am besten zu Fuß oder mit dem Rad. Durch das Naturschutzgebiet verläuft die deutsch-niederländische Grenze und es gibt Tier- und Pflanzenarten, die nur in dem (wahrscheinlich) 4500 Jahre alten Moor leben.

▸ ☺ Naturschutzgebiet Hombornquelle
Im Naturschutzgebiet Hombornquelle liegt der Forellenhof Borken mit Gestüt. Hier gibt es Angelteiche, ein Wildgehege, eine Pferdekoppel. Auch Planwagenfahrten, Reiten und Kaltblutpferderennen sind möglich.
Kontakt: Zum Homborn 9, 46325 Borken, ☏ 02861/2448, 🌐 www.gestuet-forellenhof.de

▸ Planwagenfahrten
Mit zwei PS durch die Landschaft fahren, das erlebt man bei einer Planwagenfahrt.
Kontakt:
Familie Schöttler, Große Heide 18, 46325 Borken, ☏ 02861/823545
Forellenhof Wolter, Zum Homborn 9, 46325 Borken, ☏ 02861/2448

▸ ☺ Schwimmen & Sauna
Das Freizeitbad Aquarius mit Wildwasserkanal, Wasserfall, Riesenrutsche, Außenbereich, Solebecken und Saunawelt bietet für jede Wasserratte das Richtige.
Kontakt: Parkstraße 20, 46325 Borken, ☏ 02861/935-0, 🌐 www.aquarius-borken.de

▸ Segelfliegen & Ballonfahren
Der Sportlandeplatz in Hoxfeld bieten allen Freunden der Lüfte Flugmöglichkeiten an.
Kontakt: Luftsportverein Borken/Westf. e. V., Zum Flugplatz 19, 46325 Borken-Hoxfeld, ☏ 02861/2046, 🌐 www.lsvborken.de

Veranstaltungen & Feste

Am 30. April gibt es auf dem Marktplatz eine **Tremsenfeier** – „Tremsen“ nennt man in Borken bunte glockenförmige Gebilde, die im Mai die Straßen schmücken.
In Borken gibt es 17 Schützenvereine und für viele ist das **Schützenfest** im August das Fest des Jahres. Es hat auch eine fast 550 Jahre lange Tradition in der Stadt.

Coesfeld

(Kreis Coesfeld)

Im Jahr 1197 bekam Coesfeld von Bischof Hermann II. von Katzenelnbogen von Münster die Stadtrechte übertragen und blickt damit auf eine über 800-jährige Stadtgeschichte zurück. Mit der Industrialisierung siedelten sich Papier-, Textil-, Lederfabriken und Maschinenbaubetriebe an. Die Stadt Coesfeld (36 100 Einwohner) liegt im Westmünsterland, nördlich des Naturparks Hohe Mark, ein Teil des Stadtgebietes gehört zu den Baumbergen.

Stadtmarketing Verein Coesfeld & Partner e. V.
Markt 8
48653 Coesfeld
02541/939-1017
www.coesfeld.de

Sehenswertes

St. Lamberti mit Coesfelder Kreuz
1673 erfolgte die Grundsteinlegung der Kirche. Sie bildete das Kernstück einer Jesuitenniederlassung. Seit 1969 befindet sich die Kirche am Markt auch im Besitz der evangelischen Kirchengemeinde. Hinter dem Hochaltar befindet sich das Coesfelder Kreuz (14. Jahrhundert), das eine Reliquie des heiligen Kreuzes beherbergt.
Adresse: Markt 18, 48653 Coesfeld

Ehemalige Synagoge
Während des Pogroms 1938 wurde die Zerstörung der Synagoge verhindert, sodass sie eines der wenigen Bauwerke dieser Art in Westfalen ist. Heute dient sie als Ort des Gedenkens.
Adresse: Weberstraße 7, 48653 Coesfeld

Walkenbrückentor
Der Ziegelbau ist ein Überrest der Stadtbefestigung aus dem 14. Jahrhundert und beherbergt heute das Stadtmuseum.
Adresse: Mühlenplatz 3, 48653 Coesfeld

Pulverturm
Der runde, zweigeschossige Turm aus dem 14. Jahrhundert aus Backstein war Teil der Stadtbefestigung und ist heute das Domizil des Coesfelder Heimatvereins; eine Außenbesichtigung ist möglich.
Kontakt: Heimatverein Coesfeld e. V., Schützenring 38, 48653 Coesfeld, www.heimatverein-coesfeld.de

Bischofsmühle
Sie zählt zu den ältesten Wassermühlen des Westmünsterlandes. 1214 bis 1594 gehörte sie dem Bischof zu Münster und ging später in Privatbesitz über. Das Gebäude diente bis zum Ersten Weltkrieg als Getreidemühle. An der linken Uferseite des Honigbaches gelegen, hat die Mühle heute noch ein Wasserrad und drei Stauteiche. Führung möglich, Terminvereinbarung über das Stadtmarketing.
Adresse: Bischofsmühle 10, 48653 Coesfeld

St. Johannes Lette
Die neuromanische Kirche wurde 1914 eingeweiht, nachdem die aus dem 15. Jahrhundert stammende Pfarrkirche zu klein wurde. Die gesamte Gemeinde spendete für den Neubau. Aus der alten Kirche wurden Heiligenfiguren wie die Doppelmadonna und Johannes der Täufer, die Pieta, ein Taufstein aus dem Jahr 1890, die drei Glocken aus dem 17. Jahrhundert, ein Beichtstuhl und mehrere Weihwasserbecken übernommen.
Adresse: Lindenstraße 1, 48653 Coesfeld

Letter Windmühle
Die Letter Windmühle ist das Wahrzeichen des Ortsteils Lette. Die Mühle, die im Jahr 1813 auf dem Horst-Esch von dem Wirt

Anton Hülskamp erbaut wurde, kam 1891 in den Besitz der langjährigen Pächterfamilie Rütter. Es ist eine viergeschossige, hölzerne Kappenwindmühle mit Umgang am ersten Geschoss, Außenbesichtigung möglich.
Adresse: Herteler, 48653 Coesfeld

▸ Hof Schulze Herding

Das langgestreckte, typisch westfälische Bauernhaus im Stadtteil Lette, dessen Substanz aus dem 18. Jahrhundert stammt, beherbergte Mensch und Vieh unter einem Dach. Heute ist der Hof Domizil des Glasmuseums. Im Laufe von über 30 Jahren hat Lilly Ernsting eine beachtliche private Sammlung mit Glasobjekten aufgebaut.
Adresse: Letter Berg 38, 48653 Coesfeld

Museen

▸ Puppen- und Spielzeugmuseum

Das Museum zeigt eine historische Puppen- und Spielzeugsammlung.
Kontakt: Walkenbrückenstraße 25, 48653 Coesfeld, 02541/79012, www.puppenmuseum-coesfeld.de

Das Glasmuseum im Alten Hof Herding zeigt zeitgenössische Glaskunst

Glasmuseum Alter Hof Herding und Glasdepot
Zeitgenössische Glaskunst wird im Glasmuseum präsentiert. Direkt gegenüber dem Glasmuseum im Höltingshof hat die vollständige Glassammlung in der ehemaligen Tenne des Höltingshofes eine „dauerhafte Heimat" gefunden. Die gemeinnützige Ernsting Stiftung Alter Hof Herding wurde von dem Unternehmerehepaar Lilly und Kurt Ernsting 1995 gegründet und hat ihren Sitz auf dem Alten Hof Herding in Coesfeld-Lette. Das angegliederte „Bauerncafé" bietet den Besuchern Gastlichkeit in münsterländischer Atmosphäre.
Kontakt: Glasmuseum Alter Hof Herding und Glasdepot Höltingshof, Ernsting Stiftung Alter Hof Herding, Letter Berg 38, 48653 Coesfeld, 02546/930511, www.ernstingstiftung.de

Tor Stadtmuseum Coesfeld
Das Walkenbrückentor ist Teil der mittelalterlichen Stadtbefestigung aus der zweiten Hälfte des 14. Jahrhunderts (1383). Das Tor und der Turm wurden noch in den letzten Kriegstagen des Zweiten Weltkrieges schwer beschädigt. Heute stellt das Tor das einzige noch erhaltene von ehemals fünf Stadttoren dar und gehört seit 1988 zum Stadtmuseum. Themen: Nationalsozialismus, jüdisches Leben in Coesfeld und der Region, die Zeit der Industrialisierung in Coesfeld, Nachkriegsgeschehen nach 1945, Zeit des Wirtschaftswunders und der 1960er- und 1970er-Jahre.
Kontakt: Im Walkenbrückentor, Mühlenplatz 3, 02541/9481-21, www.stadtmuseum.coesfeld.de

Natz-Thier-Haus
Dieses Gebäude ist das letzte Nebengebäude eines Bürgerhauses, das in Coesfeld vorhanden ist. Heute beherbergt das Haus ein Werkstattlädchen der Behindertenwerkstatt Haus Hall und ein kleines Museum für den Heimatdichter Natz Thier, der in dem Haupthaus an der Letter Straße groß wurde. Den Schlüssel für eine Besichtigung erhält man im Werkstattladen.

Die Kapelle ist eine Station von 18 auf dem Großen Kreuzweg

Der Pulverturm ist Teil der ehemaligen Befestigungsanlage Coesfelds, künstlerisch gestaltete Ochsen, als Symbol für den Handel im Mittelalter, sind Wegweiser des Stadtundgangs

Kontakt: Pfauengasse 6, 48653 Coesfeld, 02541/94810

Eisenbahnmuseum Bahnhof Lette
Das Eisenbahnmuseum „Alter Bahnhof Lette“ befindet sich im ehemaligen Empfangsgebäude des Bahnhofs an der Kursbuchstrecke 412 Dortmund-Coesfeld-Enschede, die schon 1875 eingerichtet wurde.
Kontakt: Bahnhofsallee 62, 48653 Coesfeld, www.bahnhof-lette.de

Heimatmuseum Lette
Örtliches Kulturgut wird hier gesammelt und gezeigt. Auf Anfrage kann für Gruppen eine Führung vereinbart werden.
Kontakt: Bahnhofsallee 10, 48653 Coesfeld, 02546/234, www.heimatvereinlette.de

Freizeit & Natur

Ballonfahren
Mit dem Heißluftballon über Coesfeld fliegen ist ein besonderes Erlebnis.
Kontakt: Stadtmarketing Verein Coesfeld & Partner e. V., 02541/939-1017

Freilichtbühne
Die Coesfelder Freilichtbühne e. V. führt in den Sommermonaten Musiktheaterstücke auf.
Kontakt: Flamschen 22, 48653 Coesfeld, 02541/3355, www.freilichtbühne-coesfeld.de

Großer Kreuzweg
Der Große Kreuzweg wurde 1659 von Christoph Bernhard von Galen gestiftet. Er ist ein wichtiges Zeugnis religiösen Brauchtums der

Coesfelder Bürgerschaft und ein bedeutendes Beispiel barocker Landschaftsarchitektur in Westfalen. Der 12 km lange Kreuzweg, die kleine und große Kapelle wurden vom fürstbischöflichen Baumeister Bernhard Spoede errichtet.

▸ Golf

Der Golf- und Landclub Coesfeld e. V. bietet eine 18-Loch-Anlage mit Kurzplatz und Sommergrüns.
Kontakt: Stevede 8 a, 48653 Coesfeld, 02541/5957, www.golfclub-coesfeld.de

▸ Radfahren

Auf der *100 Schlösser Route*, dem *Europaradweg R1*, der *Sandsteinroute*, der *Berkelroute*, der *RadBahn Münsterland* und der *Pilgerroute* können Coesfeld und seine Umgebung per Rad erkundet werden.
Informationen: www.100schloesserroute.de, www.r1-radweginfo.de, www.radbahn-muensterland.de

▸ Schwimmen & Sauna

Das Erlebnisbad CoeBad mit neun Becken, vier Rutschen und Saunaangebot lässt bei Badegästen keine Wünsche offen.
Kontakt: Osterwicker Straße 19, 48653 Coesfeld, 02541/929600, www.coebad.de

▸ Wandern & Pilgern

Der *Westfälische Jakobspilgerweg* führt ebenso durch Coesfeld und die Baumbergeregion wie der *Ludgerusweg*.
Informationen: www.jakobspilgerweg.lwl.org, www.deutsche-jakobswege.de, www.pilger-weg.de

Veranstaltungen & Feste

Im Mai werden die **Pfingstwoche** sowie etwa zeitgleich die viertägige **Pfingstkirmes** gefeiert. Im September findet drei Tage lang die **Kreuzerhöhungskirmes** statt.

Drensteinfurt

(Kreis Warendorf)

Zwischen Feldern, Wiesen und kleineren Wäldern liegt am Flüsschen Werse der Ort Drensteinfurt (15 200 Einwohner), dessen erste urkundliche Erwähnung im Jahr 851 erfolgte. Drensteinfurt war um 1800 eine typische Ackerbürgerstadt, im 19. Jahrhundert blühte der Strontianitbergbau auf, ihren kleinstädtischen Charakter behielt sie aber. Seit 1968/1975 besteht die Stadt aus den Ortschaften Drensteinfurt, Rinkerode und Walstedde.

Bürgerbüro Drensteinfurt
Landsbergplatz 7
48317 Drensteinfurt
02508/9950
www.drensteinfurt.de

Sehenswertes

▸ Alte Post

In zentraler Lage von Drensteinfurt befindet sich das bedeutendste Fachwerkbürgerhaus der Stadt, die „Alte Post", erbaut 1647. Auffällig ist seine Größe von fast 30 m Länge und fast 13 m Breite. Es hatte zwei Speicherstöcke zur Lagerung von Waren und erfüllte damit v. a. eine Handelsfunktion. Im 19. Jahrhundert diente es als Unterstellplatz für Postkuschte und Pferde, woher es seine Bezeichnung erhielt.
Adresse: Mühlenstraße 15, 48317 Drensteinfurt

▸ Haus Bisping

Das ehemalige Wasserschloss fand 1364 seine erste urkundliche Erwähnung und war Geburtsort und Stammsitz des Fürstbischofs von Münster, Christoph Bernhard von Galen (1606–1678). Von dem ehemaligen Schloss

sind nur noch das Torhaus (1651) und Teile der Umgräftung erhalten.
Adresse: K 40 (Straße von Rinkerode nach Davensberg), 48317 Drensteinfurt-Rinkerode

▸ **Wasserschloss Haus Borg**
Das Wasserschloss mit Barockgarten und Alleen in der Nähe von Haus Bisping setzt sich aus einer Dreiinsellage zusammen, bestehend aus Vorburg, Hauptburg und Garten. Das Herrenhaus stammt aus dem 15. Jahrhundert und erlebte eine Erweiterung im 16. Jahrhundert und Umbauten im 18. Jahrhundert. Das Wasserschloss befindet sich im Privatbesitz und kann nur von außen besichtigt werden.
Kontakt: Altendorf 51, 48317 Drensteinfurt-Rinkerode

▸ **Wasserschloss Haus Steinfurt**
Das von Gräften umgebene Wasserschloss Haus Steinfurt am Südufer der Werse, nördlich der Altstadt, besteht aus dem Herrenhaus (1707–1709), zwei Nebengebäuden, zwei Torhäuschen, Wassermühle, Remise und dem Park. Die Anlage im klassizistischen Stil besticht durch eine klare geometrische Gestaltung.
Adresse: Mühlenstraße 18, 48317 Drensteinfurt

▸ **Wasserschloss Haus Venne**
Die symmetrisch angelegte Schlossanlage von Haus Venne in der Bauerschaft Mersch stammt aus dem frühen 18. Jahrhundert und besteht aus dem Haupthaus und vier Nebengebäuden sowie einer Parkanlage mit einem Gartenhaus des Barock-Architekten Schlaun.
Adresse: Mersch 84, 48317 Drensteinfurt

▸ **Pfarrkirche St. Regina**
Die dreischiffige Pfarrkirche St. Regina wurde 1783 bis 1785 auf dem Fundament einer um 1170 erbauten Wehrkirche errichtet und Ende des 19. Jahrhunderts erweitert. Sie gilt als frühes Beispiel einer Kirche im Stil des Klassizismus im Bistum Münster.
Adresse: Mühlenstraße 10, 48317 Drensteinfurt

Museen

▸ ☺ **Bienenmuseum „Immenhuisken“**
Das Immenhuisken präsentiert eine Ausstellung mit alten Bienen- und Imkergeräten sowie lebendigen Bienen, es gewährt Einblicke in das Leben und Funktionieren eines Bienenvolkes. Das Museum öffnet nur in den Sommermonaten.
Kontakt: Maria Schratz, Felsenweg 5, 48317 Drensteinfurt, ☏ 02508/1492

▸ **Mühlen- und Gerätemuseum**
Hier werden die ursprüngliche Mühlentechnik von 1935 im Zeitlupentempo vorgeführt und Gerätschaften aus dem Mühlenbereich und dem Mühlenalltag aus alter Zeit gezeigt.
Kontakt: Mühlenmuseumsverein e. V., Eickenbeck 44, 48317 Drensteinfurt-Rinkerode, ☏ 02583/756, 🌐 www.muehlenmuseum-rinkerode.de

Freizeit & Natur

▸ **Kornbrennerei Eckmann**
Die Kornbrennerei in Walstedde bietet Besichtigungen mit Verkostung bei der Herstellung von Korn und Likör an.
Kontakt: Nordholter Weg 2, 48317 Drensteinfurt, ☏ 02387/470

▸ **Pilgern**
Der Jakobspilgerweg von Rinkerode nach Herbern führt über Drensteinfurt.
Informationen: 🌐 www.jakobspilger.lwl.org, 🌐 www.deutsche-jakobswege.de, 🌐 www.pilger-weg.de

Radfahren
Drensteinfurt, Rinkerode und Walstedde sind ideale Ausgangspunkte für Radtouren in die Münsterländer Parklandschaft. Ob auf den drei Rundwegen *Radwege rund um Drensteinfurt*, oder dem *Werse Rad Weg*, der auf 122 km an der Werse entlang verläuft und verschiedene Städte miteinander verbindet. Auch an die *100 Schlösser Route* findet man problemlos Anschluss.
Informationen: www.werseradweg.de, www.100schloesserroute.de

Schwimmen
Im Freibad Erlbad in Drensteinfurt stehen neben einem beheizten Becken auch ein Beachvolleyballfeld, eine Streetball-Basketballanlage, Tischtennisplatten und Kinderspielgeräte zur Verfügung.
Kontakt: Im Erlfeld 4, 48317 Drensteinfurt, 02508/9940022

Veranstaltungen & Feste

Im Sommer zwischen August und September findet unter dem Motto „Kultur umsonst und an besonderen Orten" der **Drensteinfurter Kultursommer** statt. Es werden musikalische Unterhaltung, Theatervorführungen und Open-Air-Kino, Klassik- und Literaturveranstaltungen bis hin zum kulturell umrahmten Blumen- und Gartenmarkt dargeboten.

Dülmen

(Kreis Coesfeld)

Die Stadt Dülmen (46 800 Einwohner) liegt im Naturpark Hohe Mark – Westmünsterland. Die malerische Parklandschaft rund um Dülmen lädt ein, eindrucksvolle Naturerlebnisse – zu Fuß oder mit dem Rad – zu genießen. Bekanntheit erlangt Dülmen vor allem als „Stadt der Wildpferde", denn im Merfelder Bruch westlich der Stadt gibt es das einzige Wildpferdegestüt in Europa.

Dülmen Marketing e. V.
Lüdinghauser Straße 1 a
48249 Dülmen
02594/12345
www.duelmen-marketing.de

Sehenswertes

Rathaus
Das im Stadtkern befindliche Rathaus stammt aus dem 15. Jahrhundert. Es trennt das geistliche Leben auf dem Kirchplatz von St. Viktor vom kaufmännischen auf dem Marktplatz.
Adresse: Marktstraße 1–3, 48249 Dülmen

Lüdinghauser Tor
Das einzig übrig gebliebene Stadttor, das Lüdinghauser Tor, mit seinen Rundtürmen ist das Wahrzeichen der Stadt.
Adresse: B 474/Ausgang Innenstadt, 48249 Dülmen

Heilig-Kreuz-Kirche
Das Grab von Anna Katharina Emmerick, der „Nonne von Dülmen" (sie wurde am 3. Oktober 2004 selig gesprochen) kann in der Krypta der Heilig-Kreuz-Kirche besichtigt werden. Eine Gedenkstätte befindet sich unter der Krypta.
Adresse: Lüdinghauser Straße 65, 48249 Dülmen

Wildpferde im Merfelder Bruch
Dülmen ist als „Stadt der Wildpferde" bekannt. Im Merfelder Bruch westlich der Stadt befindet sich die einzige Wildpferdebahn Europas, sie stammt bereits aus dem 14. Jahrhundert. Die Wildlinge leben

Die Dülmener Wildpferde sind im Merfelder Bruch beheimatet

ohne Zufütterung im Freien. Zwischen März und Oktober können die Wildpferde auf einem Rundgang beobachtet werden. Auch Ausflugsprogramme wie Fahrradtouren und Planwagenfahrten werden über Dülmen Marketing angeboten.
Informationen: 🌐 www.wildpferde.de

Museum

▸ Das kleine Mechanische Musikmuseum
In diesem außergewöhnlichen Museum werden mechanische Musikautomaten, die ohne Interpreten Musik spielen können, gezeigt.
Kontakt: Neustraße 2, 48249 Dülmen, ☏ 02594/9398810, 🌐 www.musikmuseum.net

Freizeit & Natur

▸ Fliegen
Südlich von Dülmen befindet sich der Flugplatz Borkenberge e. V., der mehrere Vereine beherbergt: Segelflieger, Motorflieger, Motorsegelflieger, Ultraleichtflieger und Modellflieger. Es besteht die Möglichkeit, an einem Rundflug teilzunehmen.
Kontakt: Leversum 86, 59348 Lüdinghausen, ☏ 02594/3803 (Flugleitung), 🌐 www.borkenberge.com

▸ ☺ Freizeitcenter JOY'N US
Dieses Spieleparadies für Kinder bietet Indoor-Minigolf, Bowling, Lasermaxx u. v. m. an.
Kontakt: Nordlandwehr 1, ☏ 02594/840900, 🌐 www.joyn-us.com

Radfahren
Dülmen liegt im Radwegenetz des Münsterlandes und bietet als Ausgangspunkt viele Möglichkeiten für Tages-und Mehrtagestouren an. Radbegeisterte können z. B. an verschiedenen Erlebnisstationen der *Naturroute* die Landschaft kennen lernen – spielerisch erforschend und mit verschiedenen Sinnen. Der *Neue Pilgerradweg,* ein Rundkurs von 67 km auf dem Pilgerweg Anna-Katharina Emmerick (AKE), lädt zur Entschleunigung ein.

Schwimmen
Acht Becken mit Wasserwerfern, Wasserfällen und Wasserfontänen, Rutschen, eine Natursteingrotte sowie Sole-, Wellness-, Kneipp- und Warmluftbäder bieten im Freibad düb Spaß und Entspannung für jeden.
Kontakt: Nordlandwehr 99, 48249 Dülmen, 02594/91490, www.dueb.de

Wildpark
In der Nähe des Stadtzentrums befindet sich in einer Parklandschaft der Wildpark mit Damwild, Rotwild und Heidschnucken. Buchen-, Eichen- und Mischwälder wechseln sich immer wieder ab. Zwei große Teiche und viele kleine Tümpel vervollständigen das Bild des Landschaftsparks. Der Wildpark kann auf verschiedenen Rundwanderwegen erkundet werden (tägl. geöffnet, kein Eintritt).

Veranstaltungen & Feste

Der **Dülmener Sommer** im Juli/August mit Straßentheater und Konzerten auf dem Marktplatz sowie der **Dülmener Winter** mit Eisbahn und Weihnachtsmarkt im Dezember sorgen für unterhaltsame Stunden.
Jeweils zwei Tage im März und im September finden die traditionellen Kunst- und Handwerkermärkte, der **Frühlingsmarkt** und der **Kartoffelmarkt,** in der Dülmener Innenstadt statt.

Emsdetten

(Kreis Steinfurt)

Emsdetten (36 300 Einwohner) liegt an der Ems im nördlichen Münsterland. Es ist eine junge Stadt, die seit 1938 die Stadtrechte besitzt. Ihre Ursprünge reichen aber bis 1325 zurück. Frühere Handwerkszweige, die Emsdetten prägten, waren die Handweberei, die Wannenmacherei und die Industrieproduktion.

Verkehrsverein Emsdetten e. V.
Friedrichstraße 2
48282 Emsdetten
02572/93070
www.vvemsdetten.de

Museen

Speichermuseum
Im alten Kornspeicher aus dem 17. Jahrhundert werden alte Arbeitsgeräte aus der Landwirtschaft gezeigt.
Kontakt: Mühlenstraße 28–30, 48282 Emsdetten, 02572/941316

August-Holländer-Museum
Das Thema Bauern und Weber vor der Industrialisierung steht im Mittelpunkt dieses Museums und damit auch die Entwicklung Emsdettens vom Weberdorf zur Industriestadt.
Kontakt: Mühlenstraße 28–30, 48282 Emsdetten, www.heimatbund-emsdetten.de

Wannenmachermuseum
Das Wannenmachermuseum zeigt die Geschichte und Entwicklung der Wannenmacherei in Emsdetten, also der Herstellung flacher Weidenkörbe zur Verwendung in der Landwirtschaft.

Kontakt: Mühlenstraße 28–30, 48282 Emsdetten, 🌐 www.heimatbund-emsdetten.de

▸ Bierglasmuseum

Rund 12 000 Biergläser und -krüge können hier bestaunt werden, sowie diverse Utensilien rund um das „kühle Blonde".
Kontakt: Lütkenfelde 17, 48282 Emsdetten, ✆ 02572/6442, 🌐 www.willis-bierglas-museum-emsdetten.de

Freizeit & Natur

▸ ☺ Emsdettener Venn

Das Naturschutzgebiet Emsdettener Venn ist ein ehemals intaktes Hochmoor. Hier gibt es einen *Lehr- und Erlebnispfad,* auf dem moortypische Pflanzen- und Tierarten entdeckt werden können. Ein *Raderlebnisweg* führt rund um den Kernbereich des Emsdettener Venns. Von zwei Aussichtstürmen kann das Moor überblickt werden. Eine nächtliche *Moorwanderung* unter dem Motto „Oh, schaurig ist's, übers Moor zu gehen ..." nach Annette von Droste-Hülshoff wird von April bis Oktober durchgeführt.
Kontakt: Verkehrsverein Emsdetten, ✆ 02572/93070

▸ ☺ Indoor-Minigolf

Eine 18-Loch-Indoor-Minigolfanlage lädt bei jedem Wetter zum Spielen ein.
Kontakt: Spatzenweg 36, 48282 Emsdetten, ✆ 02572/83202, 🌐 www.minigolf-emsdetten.de

▸ Stroetmanns Fabrik

Die ehemalige Textil-Fabrik B. W. Stroetmann wurde 1994 zu einem modernen Kultur- und Veranstaltungszentrum umgebaut. Hier präsentiert u. a. die Galerie Münsterland zeitgenössische Kunstausstellungen, es finden Konzerte, Kurse und Workshops statt.
Kontakt: Friedrichstr. 2, 48282 Emsdetten, 🌐 www.stroetmannsfabrik.de

Das Emsdettener Venn ist ein ehemaliges Hochmoor

▸ Radfahren
Rad- und Wirtschaftswege, sogenannte „Pättkes", führen durch die Münsterländer Parklandschaft und eignen sich für schöne Radtouren. Emsdetten ist an mehrere Rundwege sowie den *EmsRadweg* und den *Mühlenbachweg* angeschlossen.
Informationen: www.emsradweg.de

▸ Schwimmen
Das Waldfreibad und das Hallenbad Emsdetten bieten Spaß und Erfrischung für große und kleine Wasserratten.
Kontakt:
Waldfreibad, Blumenstraße 131, 48282 Emsdetten, 02572/202-111
Hallenbad, Stauffenbergstraße 2, 48282 Emsdetten, 02572/2480, www.stadtwerke-emsdetten.de

▸ Stadtpark mit Tiergehege & Minigolf
Im Tiergehege im Stadtpark gibt es Hängebauchschweine, Hirsche, Esel, Fasanen, Steppenrinder, Wild- und Zwergziegen und Meerschweinchen zu bewundern. Daneben locken ein Spielplatz, ein Barfußpfad und eine Minigolfanlage (im Sommer).
Kontakt: Blumenstraße 131, 48282 Emsdetten, 02572/97200

Veranstaltungen & Feste

Die **Maikirmes** findet jedes Jahr im Frühjahr in der Emsdettener Innenstadt statt.
Am zweiten Sonntag im Juli feiern die Mitgliedsgesellschaften der Vereinigten Schützengesellschaften Emsdetten das große **Stadtschützenfest.**
Die **Herbstkirmes** lockt jedes Jahr im September viele Menschen in die Emsdettener Innenstadt.
Der **Emsdettener September** ist Emsdettens großes Stadtfest, bei dem drei Tage lang auf mehreren Bühnen Musik und Kultur in der Innenstadt geboten werden.

Ennigerloh

(Kreis Warendorf)

Die Stadt Ennigerloh (20 500 Einwohner) umfasst die Ortsteile Enniger, Westkirchen und Ostenfelde. Ihre erste urkundliche Erwähnung fand die Stadt 860 in Verbindung mit der Gründung des Klosters Herzebrock. Die Stadt war über die Jahrhunderte bäuerlich geprägt. Im Zuge der Industrialisierung gewannen der Abbau und das Brennen von Kalk an Bedeutung, woraus sich die Zementindustrie entwickelte. Die drei Muscheln im Wappen symbolisieren das Kalkvorkommen.

Stadtmarketing Ennigerloh
Marktplatz 1
59320 Ennigerloh
02524/280
www.ennigerloh-erleben.de

Sehenswertes

▸ Schloss Vornholz
Burg Vornholz entstand um 1300. Sie war ursprünglich im Besitz der „Ritter von Ostenfelde". Das heutige Schloss wurde nach der Zerstörung der alten Wasserburg im Dreißigjährigen Krieg auf den Grundmauern aufgebaut. Besonders sehenswert sind der Rittersaal sowie das Kavalleriemuseum.
Adresse: Steinpatt 13, 59320 Ennigerloh

▸ St. Jakobus
Die katholische Pfarrkirche St. Jakobus stammt aus dem 13. Jahrhundert und ist im altstädtischen „Drubbel" in Ennigerloh zu finden.

▸ Ennigerloher Mühle
Die Mühle aus dem Jahr 1869 wurde vollständig restauriert. Alljährlich findet hier das Mühlenfest statt.

Das Wasserschloss Vornholz im Ortsteil Ostenfelde beherbergt u. a. ein Kavalleriemuseum

Kontakt: Zur Windmühle 1, 59320 Ennigerloh, www.muehlenfreunde-ennigerloh.de

Westkirchener Mühle
Die aus Feldsteinen erbaute Windmühle in Westkirchen mit seinem hohen runden Turm und gewaltigen Flügeln ist fast 200 Jahre alt und das Wahrzeichen des Ortes.
Kontakt: Mühlenweg 5, 59320 Ennigerloh, www.heimatverein-westkirchen.de

Museum

Kavalleriemuseum Schloss Vornholz
Schloss Vornholz beherbergt einen sehenswerten Rittersaal und ein Kavalleriemuseum mit Ausrüstungsgegenständen einstiger Reiterregimente von 1748 bis zum Ersten Weltkrieg. Führungen können über die Stadttouristik gebucht werden.
Kontakt: Steinpatt 13, 59320 Ennigerloh, Verkehrsverein Ennigerloh, 02524/8300

Freizeit & Natur

Golf
Die 18-Loch-Golfanlage des Golfclub Schloss Vornholz e.V. in unmittelbarer Nähe zum Wasserschloss Vornholz von 1688 gilt als eine der schönsten im Münsterland.
Kontakt: Steinpatt 13, 59320 Ennigerloh-Ostenfelde, 02524/5799, www.gcsv.de

Radfahren
Auf gut ausgebauten und ausgeschilderten Radwegen kann man per Drahtesel die wunderschöne Münsterländer Parklandschaft erkunden, wie zum Beispiel auf der *100 Schlösser Route,* die durch den Ort führt. Die *Zement-Radroute* lässt Geschichte und Gegenwart des in Ennigerloh bedeutsamen Zementabbaus lebendig werden, sie führt vorbei an Werksstandorten und Steinbrüchen.
Informationen: www.100schloesserroute.de

Reiten

Die *Münsterland-Reitroute* erstreckt sich über 1000 km und führt auch durch Ennigerloh. An dem 34-km-Teilabschnitt über Oelde, Ennigerloh und Beelen gibt es fünf Reit- und Raststationen.

Kontakt:

Reit-, Zucht- und Fahrverein Ennigerloh-Neubeckum e. V., Hoest 18 a, 59320 Ennigerloh, 02524/8360, www.rvennigerloh-neubeckum.de

Mühlenhof Nolte, Im Liebestal 1, 59320 Ennigerloh-Ostenfelde, 02524/1258, muehlenhof-nolte.de

Reit- und Fahrverein Vornholz e. V., Im Sportpark, 59320 Ennigerloh, 0170/9911629, www.rv-vornholz.de

RV Ostenfelde Beelen e. V., Letter Weg 2, 59320 Ennigerloh, www.rfv-ostenfelde-beelen.de

Fahrsportzentrum Ennigerloh, Vossmar 10 b, 59320 Ennigerloh-Westkirchen, 02587/935222, www.fahrsportzentrum.com

Informationen: www.pferderegion-muensterland.de

Schwimmen

Das Freibad am Stavernbusch bietet neben Schwimmbecken auch einen Matschspielplatz. Das Olympiabad ist ein Hallenbad, dessen Attraktionen u. a. ein Dampfbad und eine Fasssauna sind.

Kontakt:

Freibad, Am Freibad 3, 59320 Ennigerloh, 02524/951897

Olympiabad, Berliner Straße 35, 59320 Ennigerloh, 02524/281141

Veranstaltungen & Feste

Immer am zweiten Mittwoch im Juli wird traditionell der **Enniger Markt,** einer der ältesten Märkte Westfalens, abgehalten, der zehntausende Besucher anzieht. Am letzten Dienstag im September findet der **Mettwurstmarkt** statt.

Everswinkel

(Kreis Warendorf)

Die Gemeinde Everswinkel (9600 Einwohner) liegt zwischen Münster und Warendorf. Sie bildet mit den Ortsteilen Everswinkel und Alverskirchen den „freundlichen Winkel im Münsterland". Die Entstehungsgeschichte Everswinkels begann im 10. Jahrhundert mit der Gründung der St.-Magnus-Pfarrei, um die herum sich ein Dorf bildete. Alverskirchen wuchs um die um 1200 errichtete Alverskirchener Pfarrkirche heran. In beiden Orten gediehen bis ins 18. Jahrhundert der Handel, das Handwerk und die Landwirtschaft. V. a. in Everswinkel war das Weberhandwerk eine wichtige Erwerbsquelle, die jedoch mit der Industrialisierung ausstarb. Die Landwirtschaft gewann an Bedeutung, denn das nahe gelegene Ruhrgebiet war ein wichtiger Absatzmarkt.

Verkehrsverein Everswinkel e. V.
Vitusstraße 8
48351 Everswinkel
02582/669313
www.verkehrsverein-everswinkel.de

Sehenswertes

Brunnen am Magnusplatz

Der Eber ist nicht nur Namensgeber von Everswinkel, sondern ziert auch das Wappen. Und selbst der Brunnen auf dem Magnusplatz nimmt das Motiv Eber auf.

Adresse: Magnusplatz, 48351 Everswinkel

Gut Brückhausen

Ein Haus Brückhausen wurde schon 1361 erstmalig urkundlich erwähnt, der Herrensitz Gut Brückhausen wurde jedoch erst Anfang des 17. Jahrhunderts für den Landrentmeister Caspar Höfflinger aus Backstein erbaut und 1728 umgebaut. Der Renaissancebau hat seinen ursprünglichen Charakter bis heute behalten. Hier finden kulturelle Veranstaltungen statt und man kann im Herrenhaus übernachten.
Kontakt: Freiherr und Freifrau von Twickel, Holling 6, 48351 Everswinkel-Alverskirchen, 02582-277, www.herrenhaus-brueckhausen.de

Heimathaus

Das Ackerbürgerhaus von 1781 ist ein typisches Beispiel für die Bauweise der Ackerbürger, die meist Gewerbe oder Handwerk und Landwirtschaft betrieben und ihre Häuser nicht nur zu Wohnzwecken nutzten. Das Ackerbürgerhaus ist heute das Heimathaus der Gemeinde.
Adresse: Kirchplatz 13, 48351 Everswinkel

Museen

Mitmachmuseum „Up'n Hoff"

Im Mitmachmuseum gibt es bäuerliche Geschichte zum Mitmachen, die Vorführung „Vom Korn zum Brot" zeigt altes Handwerk nicht nur anschaulich, man kann auch selber Hand anlegen.
Kontakt: Vitusstraße 8, 48351 Everswinkel, Anmeldung über den Verkehrsverein Everswinkel e. V., 02582/669313

Schatzkammer St. Agatha

In der Schatzkammer der Pfarrkirche St. Agatha werden in der Nordturmkapelle Exponate aus über 800 Jahren Alverskirchener Kirchengeschichte gezeigt. Z. B. ein Hungertuch aus dem 17. Jahrhundert.
Kontakt: St.-Agatha-Platz, Alverskirchen, Führungen unter Pfarrbüro, 02582/273 oder Herrn Dr. Hubrich, 02582/8378

Freizeit & Natur

Golf

Auf 18 Spielbahnen mit zahlreichen Wasserhindernissen können sich Golffreunde aller Leistungsstärken im Golfclub Brückhausen e. V. erproben.
Kontakt: Holling 4, 48351 Alverskirchen, 02582/5645, www.gc-brueckhausen.de

Radfahren

Von Everswinkel aus erstreckt sich ein ausgedehntes Radwegenetz durch den „Radelpark Münsterland" und lädt zu abwechslungsreichen Touren ein. Auch die *100 Schlösser Route* führt über den Ortsteil Alverskirchen vorbei an Haus Brückhausen.
Informationen: www.100schloesserroute.de

Reiten

Ausritte auf der *Warendorfer Reitroute* (200 km) oder Wanderritte von Hof zu Hof sowie zwei Reithallen stehen Ross und Reiter in Everswinkel zur Verfügung.
Kontakt: Reit- und Fahrverein Alverskirchen-Everswinkel e. V., Wester 5 a, 48351 Everswinkel, 02582/8638

Sauna

Im Vitus Saunadorf gibt es mehrere verschiedene Themensaunen, einen Innen- und einen Außenbereich.
Kontakt: Alverskirchener Straße 27, 48351 Everswinkel, 02582/991630, www.vitus-saunadorf.de

Schwimmen

Im Allwetterbad Vitus-Bad gibt es jede Menge Spaß, Sport und Erholung für Groß und Klein.
Kontakt: Alverskirchener Straße 29, 48351 Alverskirchen, 02582/668-518, www.vitus-bad.de

Veranstaltungen & Feste

Am Karnevalssonntag gibt es in Everwinkel den traditionellen **Karnevalsumzug** mit rund 50 Wagen und Fußgruppen.
Im Juni stellt das **Vitusfest** mit Kirmes, Tanz, Märkten, Vitus-Lauf, Kultur- und Spielangeboten an vier Tagen die Gemeinde auf den Kopf.

Gescher

(Kreis Borken)

Die Kleinstadt Gescher (17 100 Einwohner) im westlichen Münsterland nennt sich auch die Glockenstadt, denn die Glocken- und Kunstgießerei hat sich hier seit 1790 mit der Glockengießerei Petit & Gebr. Edelbrock etabliert. Die berühmteste Glocke aus Gescher ist die Weltjugendtagsglocke „Johannes Paul II.". Auch die Textilindustrie und der Torfabbau prägten die Stadt. Gescher ist umgeben von Naherholungs- und Naturschutzgebieten wie dem Gescher Hochmoor Fürstenkuhle und Kuhlenvenn.

Stadtmarketing Gescher GbR
Lindenstraße 2
48712 Gescher
02542/98011
www.stadtmarketing-gescher.de

Sehenswertes

St. Pankratius
Die katholische Pfarrkirche ist im Kern eine spät- und neugotische Hallenkirche aus dem 15. Jahrhundert.
Adresse: Kirchplatz 12, 48712 Gescher

Glockengießerei Petit & Edelbrock
Die Glocken- und Kunstgießerei in Gescher besteht seit 1790. Das Verwaltungsgebäude

Ein Naturdenkmal ist diese alte Eiche bei Gescher

Im ehemaligen Moorgebiet Kuhlenvenn kann man eine besondere Flora und Fauna beobachten

befindet sich in einem barocken Bürgerhaus. Eine Besichtigung der Manufaktur mit Führung ist nach Anmeldung möglich.
Kontakt: Petit & Gebr. Edelbrock GmbH & Co. KG, Hauptstraße 5, 48712 Gescher, ☏ 02542/9333-0, 🌐 www.petit-edelbrock-gescher.de

Museen

▸ Westfälisches Glockenmuseum
Das einzige deutsche Glockenmuseum wartet mit einer einzigartigen Glockensammlung auf und zeigt die Kunst des Glockengießens.
Kontakt: Lindenstraße 4, 48712 Gescher, ☏ 02542/7144, 🌐 www.glockenmuseum-gescher.de

▸ ☺ Imkermuseum
Das westfälisch-niederländische Imkereimuseum zeigt eine lebendige, informative Ausstellung rund um den Honig.
Kontakt: Lindenstraße 2, 48712 Gescher, ☏ 02542/7144, 02542/98011

▸ ☺ Museumshof „Auf dem Braem“
Das Leben und Arbeiten in den 1920er- und 1930er-Jahren auf dem Land steht im Mittelpunkt der authentischen Ausstellung in diesem Freilichtmuseum, das vom Heimatverein Gescher betrieben wird.
Kontakt: Armlandstraße 18, 48712 Gescher, 🌐 www.heimatverein-gescher.de

▸ D(t)orfmuseum
Die Nutzungsgeschichte und Bedeutung von Torf wird in diesem kleinen Museum in einer ehemaligen Dorfschule veranschaulicht.
Kontakt: Landsbergstraße, 48712 Gescher, ☏ 02542/7144 o. 98011

Freizeit & Natur

▸ Angeln
Ein Naturparadies mit elf Teichen, einem Heide- und Moorgarten und ein Kneipp-Tretbecken locken nicht nur Angler in das Angelparadies Hochmoor.
Kontakt: Ingrid und Ralf Palzer, Hochmoor 104 a, 48712 Gescher, ☏ 02863/380402,

0177/3652052, 🌐 www.angelparadies-hochmoor.de

▸ ☺ **Naturschutzgebiet**
Im Naturschutzgebiet **Fürstenkuhle und Kuhlenvenn,** einem ehemaligen Moorgebiet, kann man die Ruhe und die Natur genießen und eine besondere Flora und Fauna entdecken: Im Frühjahr werden z. B. die Moorfrösche aktiv, und zahlreiche Wasser-, Wat- und Wiesenvögel rasten hier. In der Fürstenkuhle gibt es einen Rundwanderweg von 2 km Länge. Führungen durch Fürstenkuhle und Kuhlenvenn werden auch vom Stadtmarketing angeboten.
Kontakt: Stadtmarketing Gescher GbR, ✆ 02542/98011

▸ **Radfahren**
In und um Gescher gibt es mehrere Radrouten wie die *agri-cultura Erlebnisroute,* die direkt durch Gescher führt, aber auch die *Flamingoroute,* den *EmsRadweg,* die *Flussradwege Berkelroute* und *Aa-Route* sowie die *100 Schlösser Route.*
Informationen: 🌐 www.agri-cultura.net, 🌐 www.flamingoroute.com, 🌐 www.ems-radweg.de, 🌐 www.100schloesserroute.de

▸ ☺ **Schwimmen**
Das schön gelegene und familienfreundliche Frei- und Erlebnisbad Gescher ist in den Sommermonaten für Badegäste geöffnet.
Kontakt: Auf dem Brink 81, 48712 Gescher, ✆ 02542/1555

Veranstaltungen & Feste

Am 1. Sonntag im April wird das **Frühlingsfest** „Gescher blüht auf" gefeiert.
Am Sonntag nach Fronleichnam sorgt das **Stadtfest mit Kirmes** für Unterhaltung.
Der **Gescheraner Strohmarkt mit Erntedankfest** des Heimatvereins findet am 1. Sonntag im Oktober statt.

Greven

(Kreis Steinfurt)

Die Stadt Greven (38 000 Einwohner) liegt zentral in der Münsterländer Parklandschaft am Fluss Ems und ist eine der flächengrößten Städte im Münsterland. Zu Greven gehören die Ortsteile Reckenfeld und Gimbte und zahlreiche Bauerschaften. Die junge Stadt bekam 1950 die Stadtrechte. Früher war Greven ein Marktort, seit dem 19. Jahrhundert entwickelte sich die Textilindustrie zu einem bedeutenden Industriezweig, der bis Mitte des 20. Jahrhunderts den Standort prägte.

Greven Marketing e. V.
Münsterstraße 23
48268 Greven
✆ 02571/1300
🌐 www.greven-tourismus.de

Sehenswertes

▸ **Stadt- und Marktkirche St. Martinus**
Gegründet vom ersten Bischof aus Münster (Liudger) ist St. Martinus, deren Ursprünge aus dem 12. Jahrhundert stammen, eine spätgotische Hallenkirche. Eine Sonnenuhr an der Südseite von 1616 und die Kreuzigungsgruppe des münsterischen Bildhauers Philipp Gröninger von 1722 im Kircheninneren sind sehenswert.
Adresse: Marktstraße 5, 48268 Greven

▸ **Der Hoek**
Der älteste Ortsteil von Greven ist Hoek (17. Jahrhundert) im Süden des Stadtkerns. Hier finden sich typische Ackerbürgerhäuser sowie Industrievillen.
Adresse: Marktstraße, 48268 Greven

Im Museumshof Averkamp dreht sich alles um altes Handwerk

▸ GBS Kulturzentrum
Das Gebäude des ältesten Textilunternehmens, der Grevener Baumwollspinnerei (1885), beherbergt heute ein Kulturzentrum und bildet Grevens kulturelles Herzstück.
Adresse: Friedrich-Ebert-Straße 3–5, 48268 Greven

▸ Alte Kanalüberführung
An der „KÜ" von 1899 wird der Dortmund-Ems-Kanal über die Ems geleitet.

Museen

▸ ☺ Sachsenhof
In Pentrup findet sich die Rekonstruktion des 1200-jährigen Sachsenhofes (1987). Im archäologischen Freilichtmuseum wird in Nachbauten von Gebäuden und Handwerksstätten gezeigt, wie das Leben der Menschen vor 1200 Jahren war.
Kontakt: Pentruper Mersch 5, 48268 Greven, 🌐 www.heimatverein-greven.de

▸ Museumshof Averkamp
Der Museumshof Averkamp in Gimbte beherbergt eine Sammlung historischer Geräte und Werkzeuge aus Handwerk und Landwirtschaft.
Kontakt: Josef Averkamp, Grevener Straße 32, 48268 Greven, ✆ 02571/53155, 🌐 www.hofmuseum.de

Freizeit & Natur

▸ Flughafen Münster/Osnabrück
Von der Besucherterrasse des „FMO" kann man das Treiben auf dem Flughafen beob-

„Greven an die Ems" – die Strandbar und Beachfelder rücken Greven näher an seinen Fluss heran

achten. Auch Führungen werden angeboten. **Kontakt:** Airportallee 1, 48268 Greven, 2571/94-1515, www.fmo.de

Freilichtbühne Reckenfeld
Hier finden in den Sommermonaten Musical- und Theateraufführungen statt. **Kontakt:** Zur Freilichtbühne 36, 48268 Greven, 02575/1566

Kanutouren
Zwischen Telgte und Greven können Kanutouren auf der Ems unternommen werden. **Kontakt:** Info und Buchung über Greven Marketing e.V., 02571/1300

Kartbahn Knatterdrom
Die größte In- und Outdoor-Kartbahn des Münsterlandes befindet sich in Greven-Reckenfeld im Industriepark Greven/Emsdetten. **Kontakt:** Natalia Czekalla, Werner-von-Siemens-Straße 40, 48268 Greven, 02575/2062, www.knatterdrom.de

Naturschutzgebiete
Auf Grevener Stadtgebiet gibt es sechs Naturschutzgebiete, die zum Wandern, Naturgenießen, Pflanzen- und Tiereentdecken einladen: **Bockholter Berge, Boltenmoor, Emsaue, Hanseller Floth, Hüttruper Heide, Wentruper Berge.**

Radfahren
Der *EmsRadweg* verläuft durch Grevener Stadtgebiet. Die 170 km lange *Friedensroute* verbindet die Friedensstädte Münster und Osnabrück (Westfälischer Friede 1648) auf einer alten Reichspostlinie miteinander. **Informationen:** www.emsradweg.de; www.friedensroute.de

Reiten
In der „Stadt der Pferde und Pferdefreunde" gibt es ca. 1200 Pferde, zahlreiche Pferdehalter und -züchter, Reithallen und Reitanlagen sowie zwei Reit- und Fahrvereine. Zudem gibt es 20 km Reitwege zwischen Altenberge, Nordwalde, Greven für Menschen mit und ohne Behinderung.
Kontakt:
Reit- und Fahrverein St. Martin Greven-Bockholt e. V., Bismarckstraße 34, 48268 Greven, 02571/81103, www.stmartin.de
Reit- und Fahrverein Greven e. V., Saerbecker Straße 188, 48268 Greven, 02571/52999, www.ruf-greven.de

Schwimmen
Das Freibad Schöneflieth und das Hallenbad in Greven bieten saisonalen Badespaß.
Kontakt:
Freibad Schöneflieth, Am Freibad 27, 48268 Greven, 02571/509-500
Hallenbad, Am Hallenbad 3, 48268 Greven, 02571/509-500

Veranstaltungen & Feste

Das zweitägige **Straßenmal-Festival „Greven malT bunt"** sorgt im Mai für bunt bemalte Straßen und Plätze.
Unter dem Motto **Greven an die Ems** finden in den Sommermonaten kulturelle und sportliche Veranstaltungen in den Emsauen statt.
Auf dem **Gimbter Kunsthandwerkermarkt** im August wird Kunsthandwerkliches dargeboten und die Gastronomen bieten regionale Spezialitäten.
Den festlichen Höhepunkt im Jahr bildet die **Grevener Großkirmes** mit Fahrgeschäften und Ständen im August. Am Kirmesmontag findet auf dem Lambertusmarkt ein Krämermarkt statt.

Gronau

(Kreis Borken)

Die Stadt Gronau (47 000 Einwohner) liegt nahe der Grenze zu den Niederlanden. Der Name Gronau bedeutet „Grüne Aue", und bezieht sich auf ihre Lage am Fluss Dinkel. Erstmalig erwähnt wurde Gronau 1365, die Stadtrechte erhielt es 1897. Im Zuge der Industrialisierung gewann die Textilindustrie an Bedeutung und zog im 19. Jahrhundert ein schnelles Wachstum der Siedlungsfläche nach sich. In jüngerer Vergangenheit haben die Musik und andere Künste das Gesicht der Stadt geprägt.

Kulturbüro Gronau GmbH
Touristik-Service und Stadtmarketing
Bahnhofstraße 45
48599 Gronau
02562/99006
www.gronau-inside.de

Sehenswertes

Wasserturm
Der Gronauer Wasserturm von 1903 ist das Wahrzeichen der Stadt und dient als Ort für kulturelle Veranstaltungen.
Adresse: Eschweg, 48599 Gronau

Rathausturm vom alten Rathaus
Der imposante Rathausturm von 1907 überstand die Bombardierung im März 1945, während das alte Rathaus selbst dabei zerstört wurde.

Schepers Mühle
Die restaurierte Wassermühle aus dem 14. Jahrhundert mit romantischem Mühlengarten beherbergt ein Café und ein Trauzimmer.
Adresse: Ahauser Straße 1, 48599 Gronau

In Gronau spielt die Musik, nicht nur im Rock'n'Popmuseum

▸ St. Agatha
Die älteste Kirche von Epe, ursprünglich im 12. Jahrhundert erbaut, wurde Opfer der Flammen. In der heutigen Kirche (1890 und 1892) im neugotischen Stil sind ein romanischer Taufstein von ca. 1175, ein Relief der Gregoriusmesse aus dem 16. Jahrhundert, eine steinerne Pieta und eine Passionssäule zu bewundern.
Adresse: Von-Keppel-Straße 1, 48599 Gronau

Museen

▸ Drilandmuseum
Im verbliebenen Gebäudeteil des zerstörten Rathauses ist das Drilandmuseum untergebracht, in dem der Heimatverein die Gronauer Stadt- und Regionalgeschichte veranschaulicht.
Kontakt: Bahnhofstraße 8, 48599 Gronau, ✆ 02562/130, heimatverein-gronau.de

▸ Rock'n'Popmuseum
Hier dreht sich alles um die Rock- und Pop-Geschichte, die Musik wird dabei hör- und fühlbar. Das Museum ist z. Zt. im Umbau.
Kontakt: Udo-Lindenberg-Platz 1, 48599 Gronau, ✆ 02562/81480, 🌐 www.rock-popmuseum.com

Freizeit & Natur

▸ Radfahren
Die *Textil-Fahrradroute* (35 km) verbindet die Nachbargemeinden Gronau und Enschede (Niederlande), beides Städte mit Textiltradition. Daneben bietet ein ausgebautes Radwegenetz zahlreiche Touren

mit der „Fietse" durch Wälder, Wiesen und Moore an.

▸ **Schwimmen**
Drei Bäder und ein Badesee, der Drilandsee, laden Wasserratten in Gronau zum Baden und Schwimmen ein. Am Drilandsee gibt es auch die Möglichkeit zu segeln, zu surfen und zu rudern. Außerdem steht eine Minigolfanlage zur Verfügung, es gibt einen Reiterhof und einen Tretbootverleih.
Kontakt:
Hallenbad Gronau, Laubstiege 31, 02562/717-890, www.stadtwerke-gronau.de
Parkfreibad Gronau, Brändströmstraße 25, 02562/717-896, www.stadtwerke-gronau.de
Bültenfreibad Epe, Alfertring 48, 02562/717-898, www.stadtwerke-gronau.de
Drilandsee, www.driland-see.de

▸ **Skaterparadies & Wasserlabyrinth**
Hinter dem Rock'n'Popmuseum steht eine Skaterbahn allen Skatern offen.
Ein Wasserlabyrinth vor dem Rock'n'Popmuseum sorgt für Spaß und Abkühlung.

▸ **Tierpark am Stadtpark**
Der weitläufige Stadt- und Tierpark befindet sich im Herzen der Stadt.
Kontakt: Am Stadtpark, 48599 Gronau, 0175/1819383

Veranstaltungen & Feste

Beim **Jazzfest Gronau** treten jedes Jahr Ende April/Anfang Mai über mehrere Tage die Größen des Jazz & Blues auf.
Die **Eper Musiknächte** im September sorgen im Stadtteil Epe auf Außenbühnen in der Innenstadt für facettenreiche musikalische Unterhaltung: von Country über Soul, Jazz und Pop wird alles dargeboten.

Haltern am See

(Kreis Recklinghausen)

Haltern am See (38 000 Einwohner) befindet sich im Naturpark Hohe Mark – Westmünsterland im südlichen Münsterland. Die Halterner Wasser- und Waldlandschaft mit den Silberseen und Seebad gilt als „grüne Lunge des Ruhrgebiets" und ist beliebter Erholungsort. Die Stadt blickt auf eine über 2000-jährige Geschichte zurück, denn während der Germanienfeldzüge unter Kaiser Augustus befand sich hier ein römisches Lager, wovon die zahlreichen Ausgrabungsfunde zeugen. Die Stadtrechte erhielt Haltern am See 1289 durch den münsterischen Bischof. Der Halterner Stausee wurde 1930 gebaut, eine weitere Talsperre 1985.

Stadtagentur Haltern am See
Markt 1
45721 Haltern am See
02364/933365
www.haltern-am-see.de

Sehenswertes

▸ **Siebenteufelsturm**
Der Siebenteufelsturm stammt von 1502 und ist ein Relikt der Stadtbefestigung.
Adresse: Turmstraße, 45721 Haltern am See

▸ **Altes Rathaus**
Das Alte Rathaus am Marktplatz mit seinen Renaissancegiebeln wurde 1575 bis 1577 errichtet.
Adresse: Markt 1, 45721 Haltern am See

▸ **Schloss Sythen**
Die ehemalige prähistorische Wall- oder Fliehburg ist heute ein soziokulturelles Zentrum und kann besichtigt werden.

Das Alte Rathaus am Marktplatz ist ein besondere Blickfang in der Innenstadt

Adresse: Stockwieser Damm 22, 45721 Haltern-Sythen

▸ Sythener Wassermühle

Die 1331 erstmals genannte Sythener Wassermühle, eine ehemalige Korn- und Wassermühle, gehörte früher zum Besitz des nahe gelegenen Hauses Sythen der Grafen von Westerholt und ist heute eine Begegnungsstätte. **Adresse:** Ecke Stockwieser Damm/Am Wehr, 45721 Haltern-Sythen

▸ St. Sixtus

Die katholische Kirche St. Sixtus (1874–1877) auf dem Marktplatz ist die Hauptkirche in Haltern am See. Die mittelalterliche Vorgängerkirche musste dem gotischen Bau weichen. Sehenswert sind das gotische Astkreuz und der Schnitzaltar. Das „Kreuz in St. Sixtus" ist sagenumwoben und ein Wallfahrtsziel. **Adresse:** Markt 10, 45721 Haltern am See

Museum

▸ ☺ LWL-Römermuseum mit Römerpark Aliso

Das Museum bietet Einblicke und Informationen zur römischen Geschichte (u. a. Germanienfeldzüge und Varus-Schlacht) und präsentiert Funde aus den Römerlagern. Im „Römerlager Aliso" sind u. a. Überreste der römischen Militäranlage zu sehen. **Kontakt:** Weseler Straße 100, 45721 Haltern am See, ✆ 02364/9376-0, 🌐 www.lwl-roemermuseum-haltern.de

Freizeit & Natur

▸ ☺ Halterner Stausee

Der Stausee mit 300 ha Fläche dient der Wasserversorgung und lädt ein zu Wassersport, Sonnenbaden am Natursandstrand, Seerundfahrten, Wanderungen auf dem

10-km-Rundwanderweg und zum Stausee-Festival jährlich Anfang Juni.

Ketteler Hof

Im Freizeitpark in Lavesum mit Wildgehege kann man toben, klettern, rutschen u. v. m. – ein Erlebnispark zum Entdecken und Mitmachen.
Kontakt: Rekener Straße 234, 45721 Haltern am See, 02364/3409, www.kettelerhof.de

Naturpark Hohe Mark – Westmünsterland

Ein wunderbares, abwechslungsreiches Gebiet mit Wäldern, Flüssen, Seen ist die Hohe Mark. Die flache bis hügelige Gegend lässt sich am besten mit dem Rad erkunden.
Kontakt: Naturpark Hohe Mark – Westmünsterland e. V., Informations- u. Besucherzentrum Tiergarten Schloss Rapsfeld, Hagenwiese 40, 46348 Rapsfeld, www.hohemark-westmuensterland.de

Radfahren & Wandern

Rund um Haltern gibt es viele schöne Wander-, Rad- und Reitwege, wie z. B. die *100 Schlösser Route*, die *Römer-Lippe-Route*, die *Naturpark Hohe Mark Route*.
Zum Wandern laden die Haard, ein Waldgebiet mit ca. 5500 ha Waldfläche und die Westruper Heide ein. Zu Fuß kann man die Heide auf einem 10 km langen Wegenetz erkunden.
Informationen: www.roemerlipperoute.de, www.100schloesserroute.de

Schwimmen

Im Freizeitbad Aquarell gibt es Hallenbad, Freibad und Sauna, außerdem ein viel-

Die Halterner Seenlandschaft ist nicht nur namensgebend, sondern auch beliebtes Freizeit- und Naherholungsgebiet

fältiges Angebot wie Hundeschwimmen, Familiencamp, Technikführung. Im Sommer bietet das Seebad Haltern am Stausee mit 30 000 qm Wasserfläche Wasserfreude pur. Das Sport- und Freizeitzentrum Sythen ist ein beheiztes Freibad mit Schwimmbecken, Rutschbahn und Sprungturm.

Kontakt:
Freizeitbad Aquarell, Hullerner Straße 45–49, 45721 Haltern am See, ✆ 02364/924027, 🌐 www.freizeitbad-aquarell.de
Seebad Haltern (Stausee), Hullerner Straße 52, 45721 Haltern am See, ✆ 02364/2539
Sport- u. Freizeitzentrum Sythen, Freibad, Mosskamp, 45721 Haltern-Sythen, ✆ 02364/6648

▸ ☺ Silbersee II

Der Silbersee II (Dülmener See), einer von vier Silberseen um Haltern, die der Quarzsandgewinnung dienen, hält viele Wassersportangebote wie Baden, Tauchen, Surfen bereit und ist aufgrund seines feinen Sandstrands und der idyllischen Lage sehr beliebt.

Kontakt: Münsterstraße/Zum Vogelsberg, 45721 Haltern-Sythen

Veranstaltungen & Feste

Das **Stausee-Festival** im Juni bietet Sport, Spiel und Spaß am und auf dem Halterner See, das Drachenbootrennen sorgt für große Unterhaltung.
Das **Halterner Heimatfest** findet im Spätsommer (August/September) in der Innenstadt statt.
Für weihnachtliche Stimmung sorgt der **Nikolausmarkt** in der Innenstadt – mit kreativem Künstlermarkt und Adventscafé im Alten Rathaus –, der an den Adventswochenenden und um den Nikolaustag geöffnet hat. Am 6. Dezember kommt der Nikolaus über den See und zieht durch die Innenstadt auf den Marktplatz.

Havixbeck

(Kreis Coesfeld)

Die Gemeinde Havixbeck (12 400 Einwohner) liegt am Rande der Baumberge. Ihre genaue Gründungszeit ist zwar unbekannt, nachgewiesen ist aber eine vor- und frühgeschichtliche Besiedlung auf dem Havixbecker Gebiet. Erstmalig erwähnt wird Havixbeck als „Haueskesbeke" im Jahr 1137. Im Havixbecker Gebiet gibt es drei der vielen historischen Wasserburgen im Münsterland, u. a. Burg Hülshoff.

Marketing Havixbeck und Umgebung e. V.
Willi-Richter-Platz 1
48329 Havixbeck
✆ 02507/7510
🌐 www.touristik.havixbeck.de

Sehenswertes

▸ Burg Hülshoff

Diese typisch münsterländische Burganlage im Renaissancestil auf zwei Inseln ist seit 1417 im Besitz der Familie Droste zu Hülshoff. Hier wurde 1797 die berühmte Dichterin Annette von Droste zu Hülshoff geboren. Die Innenräume der Burg und der Park sind zu besichtigen.

Kontakt: Schonebeck 6, 48329 Havixbeck, ✆ 02534/1052, 🌐 www.burg-huelshoff.de

▸ Haus Havixbeck

Die Dreiflügelanlage im Renaissancestil von 1562 und 1601 ist eines der typischen münsterländischen Wasserschlösser und befindet sich im Besitz der Freiherren von Twickel.
Die Außenanlagen können im Rahmen einer Führung besichtigt werden.

Adresse: Josef-Heydt-Straße 2, 48329 Havixbeck

▸ Haus Stapel
Das klassizistische Wasserschloss, (1211 erstmals erwähnt) entstand 1607/08, die Vorburg mit mächtigem Torturm ist von 1719, das Herrenhaus wurde 1828 vollendet. Das Schlossgut ist im Familienbesitz (Hermann Freiherr Raitz von Frentz), eine Außenbesichtigung auf Anfrage im Büro Marketing ist möglich.
Adresse: Gennerich 18b, 48329 Havixbeck

▸ Wasserturm
Der Wasserturm aus Baumberger Sandstein (1897–1899) sieht von weitem aus wie der Bergfried einer Burganlage.
Adresse: Tilbeck 2, 48329 Havixbeck

Mühlen

▸ Klostermühle Hohenholte
Die Mühle aus dem 14. Jahrhundert besitzt ein großes Mühlrad. Eine Außenbesichtigung ist möglich.
Adresse: Walingen 11a, 48329 Havixbeck

▸ Stapelsmühle
Die Wassermühle zu Haus Stapel stammt von ca. 1800. Besichtigung bzw. Führung und Außenbesichtigung sind nach Vereinbarung möglich.
Kontakt: Familie Seesing, Gennerich 20, 48329 Havixbeck, ✆ 02507/3737

▸ Baumbergmühle
Erbaut aus Baumberger Sandstein um 1850 zählt sie zu den großen Mühlenstümpfen in Westfalen. Innen- und Außenbesichtigung sind möglich.
Kontakt: Familie Janning, Gennerich 31, 48329 Havixbeck, ✆ 02507/1484

Museen

▸ Baumberger Sandsteinmuseum
Der Baumberger Sandstein, auch „Marmor des Münsterlandes“ genannt, steht im Mittelpunkt dieses Museums. Das Museum ist im alten denkmalgeschützten Bauernhof Rabert untergebracht.
Kontakt: Gennerich 9, 48329 Havixbeck, ✆ 02507/1596, 🌐 www.sandsteinmuseum.de

▸ Droste-Museum Burg Hülshoff
Das Droste-Museum auf Burg Hülshoff, der Geburtsstätte der Dichterin Annette von Droste zu Hülshoff, gewährt Einblicke in die Wohnräume mit Gemälden, Möbeln und

Auf Burg Hülshoff ist die Dichterin Annette von Droste-Hülshoff geboren und aufgewachsen

Bibliothek der Adelsfamilie Droste-Hülshoff und in das Leben der Dichterin sowie wunderschöne Ausblicke in den Schlosspark.
Kontakt: Schonebeck 6,48329 Havixbeck, 02534/1052, www.burg-huelshoff.de

▸ **Segway**
Bei einer geführten Segway-Tour durch die Baumberge erfährt man so manches über die Geschichte der Steinhauer.
Informationen: www.easyway.baumberge.net

▸ **Rundfunkmuseum Holtstiege**
Die Privatsammlung zeigt die Geschichte der Radio- und Fernsehtechnik und begeistert nicht nur Technikfans.
Kontakt: Benedikt Surmund, Altenberger Straße 22, 48329 Havixbeck, 0177/4330154, www.rundfunkmuseum.baumberge.net

Die Baumberge laden zum Wandern ein

Freizeit & Natur

▸ **Reiten**
In Havixbeck und der Baumberge-Region kann man bei zahlreichen Ponyhöfen, Reitvereinen und Gestüten das Glück auf dem Rücken der Pferde suchen.
Kontakt:
Reit- u. Fahrverein Havixbeck-Hohenholte, Herkentrup 4, 02507/3809
Ponyhof Schleithoff, Herkentrup 4, 02507/1227, www.ponyhof.de
Ponyhof Mormann, Herkentrup 8, 02507/1259, www.hof-mormann.de
Isländer Gestüt Brock, Brock 25, 48329 Havixbeck, 02507/3816, www.gestuet-brock.de

▸ **Wandern**
Der *Baumberger Ludgerusweg* führt vom Stift Tilbeck durch die Baumberge von Havixbeck nach Billerbeck, vorbei an zahlreichen Sehenswürdigkeiten. Rund um das Gelände des Stiftes Tilbeck führt der 2,5 km lange *Barfußgang* durch Wald, über Wiesen, Kiesbett und Rindenmulch.
Kontakt: Tilbeck 2, 48329 Havixbeck

Veranstaltungen & Feste

Im historischen Festsaal von Haus Stapel finden jährlich im Mai und September Klavier- und Liederabende statt. Schlossbesitzerin Dr. med. Mechthild Freifrau Raitz von Frentz, deren Mutter eine geborene Droste-Hülshoff ist, lädt zu diesen **Haus-Stapel-Konzerten** im Wasserschloss ein.

Heek

(Kreis Borken)

Die Gemeinde Heek (8500 Einwohner) mit den Ortsteilen Heek und Nienborg liegt in den Dinkeldünungen im westlichen Münsterland. Der Name leitet sich von Eiche ab, denn einer Sage zufolge stand hier eine berühmte Eiche, die St. Ludgerus gefällt haben soll, um an dieser Stelle eine Kirche zu bauen. Diese Pfarre wird 1256 urkundlich erwähnt. Landschaftlich geprägt ist die Gegend um Heek von Heideflächen, weshalb die Schafzucht und Wollverarbeitung verbreitet waren, aus der sich die Hausweberei und später die Textilindustrie entwickelten.

Gemeinde Heek
Bahnhofstraße 60
48619 Heek
02868/9300-0
www.heek.de

Sehenswertes

▸ Burg Nienborg
Im Ortsteil Nienborg befinden sich die Reste der Burg Nienborg aus dem späten 12. Jahrhundert. Sie wurde erbaut durch Hermann II. von Katzenelnbogen, dem Fürstbischof von Münster. Erhalten sind drei Burgmannenhäuser, das Torhaus sowie Reste der Ringmauer. Das **Hohe Haus** mit Dreistaffelgiebel aus dem 14. Jahrhundert überragt die gesamte Burganlage. (www.wachtmeisterhaus.de)
Das **Lange Haus** aus dem 16. Jahrhundert ist ein langgestrecktes, zweigeschossiges Giebelhaus. Es beherbergt heute die Landesmusikakademie.
Das **Burgtor,** ein quadratisches zweistöckiges Torhaus (14. Jahrhundert) mit Zeltdach, bildet den Eingang zum Burggelände. Die Stube des Burgtores ist bewohnt.
Die **Keppelborg,** ein zweiflügeliger Burgmannshof (15./16. Jahrhundert), war lange Zeit im Besitz der Familie Keppel, heute beherbergt sie u. a. ein Hotel. (www.keppelborg.de)
Adresse: Burg, 48619 Heek-Nienborg

▸ Eppingscher Hof
Im Dorf Heek befindet sich dieser älteste erhaltene Bauernhof (1857), der von vielen Vereinen genutzt wird.
Adresse: Markt 10, 48619 Heek

▸ Mühlen
Die Wassermühle zum Ölschlagen (um 1400) wurde später zu einer Walkmühle umgebaut. Heute befindet sich die Mühle in Privatbesitz. Der über 200 Jahre Turmholländer (1807) „Flüecks Mühle“ dient heute als Trauzimmer.
Adresse: Mühlenfeld 58, 48619 Heek

▸ Wilder Bernd
Der Wilde Bernd rettete die Stadt im Dreißigjährigen Krieg vor der Belagerung und gilt als Symbolfigur für das Streben nach Freiheit und Gleichberechtigung.

▸ St. Ludgerus
Die katholische Kirche St. Ludgerus (1256), wurde im Laufe der Zeit mehrfach umgestaltet. Hervorzuheben sind das spätromanische Portal an der Südseite, der Taufstein und das als Gnadenkreuz verehrte Kreuz der Pfarrkirche.
Adresse: Kirchplatz, 48619 Heek

Freizeit & Natur

▸ Radfahren
Mit dem Rad z. B. entlang der *100 Schlösser Route* oder auf den sogenannten „Pättkes“ vorbei an Schlössern, Burgen und Naturschutzgebieten lässt sich die Gegend rund um Heek aktiv erkunden.

▸ Segway
Segway-Touren sind ein besonderes Fahrerlebnis.
Kontakt: Gemeinde Heek, Rathaus, 02568/930022

Veranstaltungen & Feste

Das **Schlöffken-Fest** mit Krammarkt findet traditionell am Montag nach dem 6. Januar statt. Beim traditionellen **Schlöffkengang** tragen Männer einen Holzschuh und einen Lederschuh, einen blau-weiß gestreiften Kittel, Stock und Mettwurst. Sie kehren beim Ziehen durch das Dorf in Gastwirtschaften ein. Zweimal im Jahr wird in Heek **Kirmes** gefeiert: am Wochenende des 4. Sonntags im Juni in Heek und am ersten Wochenende im August zusammen mit dem **Schützenfest** im Orstteil Nienborg.

Heiden

(Kreis Borken)

Die waldreichste Gemeinde des Kreises Borken (8300 Einwohner) liegt im Naturpark Hohe Mark – Westmünsterland. Wahrzeichen der Gemeinde sind die 4000 Jahre alten „Düwelsteene“ (Teufelssteine), die belegen, dass an dieser Stelle schon in der Jungsteinzeit Menschen siedelten. Urkundlich erstmalig belegt ist die Existenz von „Heidedorf“ seit 870. Die Pfarrei Heiden wurde 1209 zum ersten Mal urkundlich erwähnt.

Tourist-Info Heiden
Rathausplatz 1
46359 Heiden
02867/977211
www.heiden.de

In Flüecks Mühle wird heute nicht mehr gemahlen, dafür kann man sich hier vermählen

Sehenswertes

▸ Teufelssteine
In der Bauerschaft Nordick bei Heiden befinden sich die Teufelssteine („Düwelsteene“), sie bilden ein altheidnisches Steinkammergrab aus der Jungsteinzeit, welches über 4000 Jahre alt ist. Die Sage besagt, dass der Teufel sie dort hingeworfen hat. Er war auf dem Weg nach Aachen, um den von Karl dem Großen erbauten Dom zu zerstören, gab seine mühsame Weiterreise aber auf, als ein kluger Schuster ihm anhand von zwölf verschlissenen Schuhpaaren im Gepäck weismachte, dass der Weg dorthin noch sehr weit sei.

Freizeit & Natur

▸ Artesischer Brunnen
Der Artesische Brunnen nahe dem Naturschutzgebiet „Schwarzes Venn“ ist ein Kneippbecken und sorgt für Erholung und Entspannung. Der Brunnen ist über den Venneweg zu erreichen.

▸ Minigolf
Im Freizeitzentrum befindet sich neben dem Park und in direkter Nachbarschaft zum Biergarten eine Minigolf-Anlage.
Kontakt: Am Sportzentrum 7, 46359 Heiden, 02867/9939935, www.monalisa-heiden.de

▸ Naturschutzgebiet Kranenmeer
Südlich von Heiden-Leblich befindet sich das Kranenmeer, ein Heideweiher umgeben von Birken, Erlen und Kiefern in einem der wenigen erhaltenen Heidemoore der Region. Der Weiher kann auf Rad- und Wanderwegen durch das Naturschutzgebiet erreicht werden.

▸ Reiten
Heiden liegt inmitten einer beliebten Pferderegion. Ob Ausritte, Reitstunden oder

Kutschfahrten, hier findet jeder Reitfan das Richtige. Auf der *Münsterland-Reitroute* führt zudem der Abschnitt „Hohe Mark" von Heiden über Raesfeld, Reken und Dorsten bis nach Haltern am See und bietet neben eindrucksvollen Naturerlebnissen auch mehrere Rast- und Reitstationen, Picknickplätze und Reiterschutzhütten.

Kontakt:
Zucht-, Reit- und Fahrverein Heiden e. V., Reitweg 4, 46359 Heiden, 🌐 www.reitverein-heiden.de
Höingshof-Hof Heiden, Ute und Markus Höing, Drögen Bokelt 3, 46359 Heiden, ☏ 02867/247, 🌐 www.hoeings-hof.de
Reitschule Natalie Bancken, Nordick 2, 46359 Heiden, ☏ 0176/10218136, 0171/2415063, 🌐 www.reitschule-natalie-bancken.de
Kutschfahrten Temminghoff, Dirk Temminghoff, Schubertstraße 26, 46359 Heiden, ☏ 02867/2230243, 🌐 www.kutschfahrten-temminghoff.de

▸ ☺ Schwimmen
Das HeidenSpassBad ist ein Frei- und Wellenbad, das in den Sommermonaten Wasserratten und Sonnenanbetern einen Heidenspaß verspricht.
Kontakt: Am Sportzentrum 3, 46359 Heiden, ☏ 02867/83333

▸ ☺ Vogelpark
Im kleinen, aber beliebten Vogelpark gibt es mehrere Volieren mit Sittichharten sowie mit Hühnerarten. Die Anlage wird vom Natur- und Heimatschutzverein Heiden betreut.
Adresse: Parkstraße, 46359 Heiden

Veranstaltungen & Feste

Am **Maibökendag** im April gibt es ein Volksfest mit verkaufsoffenem Sonntag.
Der Schützenverein Heiden lädt am zweiten Wochenende im August zum **Schützenfest mit Kirmes** auf der Schützenfestwiese im Sport- und Freizeitzentrum ein. Am Dienstag nach dem Schützenfest wird der Dullendienstag, ein Junggesellenschützenfest, veranstaltet.
An Pfingsten werden im Wechsel in Leblich und Nordick **Schützenfeste** gefeiert.
Der **Heidener Herbst** am letzten Wochenende im September mit Trödelmarkt, Fahrgeschäften und Attraktionen hat seinen Höhepunkt mit dem **Teufelslauf,** einem Volkslauf auf mehreren Distanzen.

Hörstel

(Kreis Steinfurt)

Die Stadtteile Bevergen, Dreierwalde, Höstel und Riesenbeck bilden seit 1975 die Kleinstadt Hörstel (20 900 Einwohner) im Tecklenburger Land. Die Stadt und ihre Umgebung sind landschaftlich geprägt von der Münsterländer Parklandschaft und dem Teutoburger Wald mit dem 96 m hohen Huckberg sowie von der Nähe zum Torfmoorsee und zum Dortmund-Ems-Kanal.

Touristeninfo Hörstel
Kalixusstraße 6
48477 Hörstel
☏ 05454/911112
🌐 www.hoerstel.de

Sehenswertes

▸ Kloster Gravenhorst
Es ist ein ehemaliges Zisterzienserkloster und wurde 1256 von Ritter Konrad von Brochterbeck und seiner Frau Amalgame von Budde gegründet. Das Kloster wurde zwar im Laufe der Zeit baulich verändert, stellt aber eine fast vollständige Klosteran-

lage dar. Heute wird es vom Förderverein Kloster Gravenhorst e.V. verwaltet und von Künstlerinnen und Künstlern genutzt, um zu gestalten, kommunizieren, produzieren, informieren. Es gibt Workshops, Kulturveranstaltungen, Ideenwerkstätten usw.
Kontakt: Klosterstraße 10, 48477 Hörstel, 05459/9146-0, www.da-kunsthaus.de

▸ Schloss Surenburg

Haus Surenburg in Riesenbeck aus dem 18. Jahrhundert ist eine der kleineren Wasserburgen Westfalens, ist aber besonders malerisch gelegen aufgrund der umgebenden Alleen und des weitgedehnten Forsts. Eine Innenbesichtigung ist nicht möglich.
Adresse: Surenburg 1, 48477 Hörstel-Riesenbeck

▸ Fachwerk- und Ackerbürgerhäuser in Bevergern

In Bevergern sind viele historische Fachwerkgebäude und Ackerbürgerhäuser zu bewundern, so die Küsterei, Haus Papenhoek, Haus Kirchstraße 9, Haus am Markt 8 und das Heimathaus, eine Häusergruppe von drei Fachwerkhäusern.
Adresse: 48477 Hörstel-Bevergern

▸ Nasses Dreieck

Hier treffen sich Dortmund-Ems-Kanal und Mittellandkanal. Das Kanaldreieck kann von der Aussichtsplattform des Red Box Info-Pavillons betrachtet werden.
Adresse: Am Hafen, 48477 Hörstel-Bergeshövede

Natur pur und Naherholung findet man am Torfmoorsee

Museum

▸ Landmaschinen-Museum Riesenbeck
Anhand von mehr als 600 Exponaten wird hier die Entwicklung der Landmaschinentechnik aufgezeigt.
Kontakt: Im Vogelsang 75, 48477 Riesenbeck, 🌐 www.lm-museum-riesenbeck.de

Freizeit & Natur

▸ ☺ Erholungsgebiet Torfmoorsee
Der Torfmoorsee bietet Naherholungssuchenden zahlreiche Freizeitangebote wie Angeln, Segeln, Surfen, Baden, einen Rundwanderweg, einen Waldlehrpfad und einen Reitweg.
Kontakt: Am Torfmoorsee, 48477 Hörstel

▸ Radfahren
Die *Hörsteler Mühlenroute* bietet eine Entdeckungstour zu den Mühlen der Umgebung. Auf den *NaTourismus-Routen* lässt sich radelnd die Landschaft des Tecklenburger Landes zwischen Moor und Mittelgebirge genießen.

▸ ☺ Reiten
Hörstel nennt sich offiziell „Pferdefreundliche Gemeinde". Reiter und Pferdeliebhaber finden ausgezeichnete Reitrouten, Reitbetriebe, Meisterschaften und Veranstaltungen. Hörstel und Lienen gelten als Pferdehochburgen im Tecklenburger Land.
Kontakt:
Erlebnisreiterhof Hupe, Herthaseestraße 62, 48477 Hörstel, ☏ 05459/803830, 🌐 www.erlebnisreiterhof.de
Freunde des Reitsports Hörstel e. V., Elseckweg 8, 48477 Hörstel, 🌐 www.fdr-hörstel.de
Pferdehof Wernsmann, Münsterdamm 16 a, 48477 Hörstel-Riesenbeck, ☏ 05459/802258, 🌐 www.wernsmann.de
Reiterhof Landgasthaus Birkenhof, Saerbecker Damm 261, 48477 Hörstel-Riesenbeck, ☏ 05454/7630, 🌐 www.landgasthausbirkenhof.de
Zucht-, Reit- und Fahrverein St. Hubertus Dreierwalde e. V., Venhäuser Weg 7, 48477 Hörstel, ☏ 05978/485, 🌐 www.zrfv-dreierwalde.de

▸ Schöne Aussicht
Direkt am *Hermannsweg* gelegen, bietet das 116 m hohe Wahrzeichen von Riesenbeck einen schönen Ausblick auf die Münsterländer Parklandschaft.

▸ Wandern
Zahlreiche Wanderrouten laden zu Fußmärschen ein: Wandern auf den Hermannshöhen *(Waldauenweg und Bevergerner Pättken)* – der *Hermannsweg* von Rheine bis Horn-Bad Meinberg führt über Hörstel. Der *Klosterweg* führt von Riesenbeck nach Gravenhorst. Auch der *Tecklenburger-Land-Rundweg, Terra Trails,* der *Handelsweg* und die Wege rund um die Surenburg bieten sich für wunderschöne Wanderungen an.

▸ ☺ Weidenreuse
Dieses begehbare Kunstwerk aus Weidenrouten des Künstlers Marcel Kalberer misst 50 m und hat die Form einer Fischreuse in Anspielung auf die Fischerei und Wasserbaukunst der Zisterzienserinnen des benachbarten Klosters Gravenhorst.
Adresse: Klosterstraße 10, 48477 Hörstel

Hopsten

(Kreis Steinfurt)

Hopsten (7900 Einwohner) ist eine Gemeinde im nördlichsten Zipfel des Münsterlandes, dem Tecklenburger Land an der Grenze zum Emsland, und gilt daher als das „Tor zu Westfalen". Sie umfasst seit

1975 neben dem „Töddendorf" Hopsten, die Ortsteile Schale und Halverde. Von Moor- und Heidelandschaften umgeben, gibt es hier viele Naturschutzgebiete und unberührte Natur. Die historischen Ortskerne sind Zeugen einer lebendigen Geschichte. Die Besiedlung des Gebietes um Hopsten reicht sogar bis in die Stein- und Bronzezeit zurück. Das Symbol des Tödden steht für die reisenden Händler, die seit dem 17. Jahrhundert mit ihren Waren durch das Land zogen.

Bürgerbüro Hopsten
Bunte Straße 35
48496 Hopsten
05458/9325-0 u. 9325-93
www.hopsten.de

Sehenswertes

Historischer Dorfkern
Im historischen Dorfkern von Hopsten mit der romanischen St.-Georg-Pfarrkirche und dem barocken Bildstock sind viele alte Tödden- und Fachwerkhäuser zu bewundern.

Bürgerhaus Veerkamp
Der Amtssitz des Bürgermeisters aus dem Jahr 1808 wird seit 1988 von Bürgern, Vereinen und Gruppen der Gemeinde Hopsten für kulturelle und gesellschaftliche Veranstaltungen genutzt und beherbergt auch eine kleine heimatkundliche Sammlung der Gemeinde.
Vor dem Bürgerhaus steht die Töddenfigur (2003), das Wahrzeichen und Symbol für die Geschäftstüchtigkeit Hopstens.
Adresse: Marktstraße 1, 48496 Hopsten

Haus Nieland
Das vom Töddengroßhändler Hermann Pogge erbaute Fachwerkhaus ist ein Wohnhaus-Museum. Tödden waren wandernde Kaufleute, u. a. im Tecklenburger Land.
Kontakt: Familie Kutscheidt, Haus-Nieland-Straße 6, 48496 Hopsten, 05458/936866

Zisterzienserinnen-Klosterkirche
Gegründet im Jahr 1278 blieb von dem ehemaligen Zisterzienserinnen-Kloster nur die Klosterkirche erhalten, die heute die Dorfkirche in Schale ist.
Adresse: 48496 Hopsten-Schale

Öl- und Kornmühle
Die Overmeyer Öl- und Kornmühle in Halverde ist noch betriebsbereit und kann besichtigt werden.
Adresse: 48496 Hopsten-Halverde

Museen

Bienenmuseum
In dem ehemaligen Backhaus von Halverde erfährt man vieles über Imkerei und Honiggewinnung, aber auch über den Torfabbau in der Region
Kontakt: Heimatverein Halverde e. V., Heinrich Echtermeyer, St.-Josef-Straße 5, 48496 Hopsten-Halverde, 05457/1294

Bültenschmiede
Der Heimatverein Schale führt nach Absprache durch die Schmiede mit originaler Einrichtung.
Kontakt: Heimatverein Schale e. V., Horst Hassink, Kirchstraße, 48496 Hopsten-Schale. 05457/1398

Heimatmuseum Altes Brauhaus
Das alte Brauhaus auf der Hofanlage Holling stammt aus dem Jahr 1730 und wurde vom Heimatverein Hopsten restauriert. Führungen nach Anmeldung, um historische Ausstellungsstücke über Leben, Arbeit und Bräuche der Region kennenzulernen.
Kontakt: Brenninkmeyerstraße 7, 48496 Hopsten, 05458/1676, www.heimatverein-hopsten.de

▸ Kulturlandhaus Schale
Hier werden alte Trachten und Alltagsgegenstände aus damaligen Zeiten ausgestellt.
Kontakt: Zum Osteresch 3, 48496 Hopsten-Schale, ✆ 05457/932682

Die ehemalige Klosterkirche ist heute die Dorfkirche in Schale

Freizeit & Natur

▸ Naturschutzgebiete
Das **Heilige Meer** ist ein einzigartiges Biotop und der größte natürliche See Westfalens, der durch Erdeinbrüche vor 1000 Jahren entstand. Um ihn rankt sich die Sage vom „versunkenen Kloster". Umgeben von Moor- und Heideland mit grasenden Mufflons lädt das Gebiet zu Spaziergängen ein. Im **Halverder Moor,** einem ehemaligen, trockengelegten Moorgebiet können Naturfreunde besondere Pflanzen und Tierarten entdecken. Die Feuchtwiesen bieten Lebensraum für viele Vogelarten.

▸ Radfahren & Wandern
Ein Wegenetz mit neun verschiedenen Rundwegen zwischen 12 und 35 km führt durch Felder, Wälder und Naturschutzgebiete (Heiliges Meer, Halverder Moor, Wiechholz). Themenradrouten und Wanderwege sind z. B. der *Töddenland-Radweg,* die *Premiumwanderwege Teutoschleifen,* die *Zwölf-Stämme-Tour,* die *Kirchwege,* der *Zitatenweg* und der *Töddenland-Rundwanderweg.*
Informationen: 🌐 www.toeddenland-radweg.de, 🌐 www.teutoschleifen.de,

Reiten & Planwagenfahrten
In Hopsten, Schale und Halverde gibt es ein großes Angebot an Reitmöglichkeiten und Planwagenfahrten:
Kontakt:
Pferdesportverein Breischen e. V., St.-Annen-Straße 4, 48496 Hopsten, www.pferdesportverein-breischen.de
Planwagenfahrten Schmiemann, Alois Schmiemann, Marktstraße 6, 48496 Hopsten, 05458/7100
Ferienbauernhof Lömker, Reiten- und Kutschfahrten, Napoleondamm 3, 48496 Hopsten-Schale, 05457/1456, www.ferienhof-loemker.de
Fam. Meese, Kirchstraße 1, 48496 Hopsten-Schale, 05457/97050
Pferdehof Lüxmann, Britta Lüxmann, Voltlager Damm 26, 48496 Hopsten- Halverde, 05457/1888, www.pferdehof-luexmann.de
Reitschule Isdepsky, St.-Josef-Straße 1, 48496 Hopsten-Halverde, 0171/7143724, www.reitsport-runge.de

Veranstaltungen & Feste

Das **Halverder Schützenfest** findet am dritten Wochenende im Juli statt.
Während der **St.-Anna-Woche** im August pilgern viele Gläubige zur Wallfahrtskapelle. Die Annenwoche endet mit einer sonntäglichen Prozession von der Pfarrkirche St. Georg zur Anna-Kapelle auf dem Breischen und einem großen Abschlussgottesdienst mit mehr als 1000 Teilnehmern.
Alle zwei Jahre im September starten beim **Halverder Ballon-Festival** zahlreiche Heißluftballons auf dem Sportplatz Halverde West. Besonderes Highlight sind das Ballonglühen und der Frühstart in der Morgendämmerung.
Am ersten Wochenende im Oktober sorgt die **Hopstener Kirmes** für Spaß und Unterhaltung.

Horstmar

(Kreis Steinfurt)

Die Stadt Horstmar (6600 Einwohner) mit der zugehörigen Ortschaft Leer ist mit ihrem viereckigen Grundriss einzigartig im Münsterland. In der sehenswerten Altstadt spiegeln sich mehr als 1000 Jahre Stadtgeschichte wider. Den Beinamen „Stadt der Burgmannshöfe" trägt Horstmar mit Stolz, denn bis heute sind vier der ehemals acht imposanten mittelalterlichen Anlagen erhalten, die dem Schutz der Stadt dienten. Horstmar liegt am Hang des Schöppinger Berges zwischen Münster und der niederländischen Grenze bei Groningen.

Stadtmarketingverein Horstmar Erleben e. V.
Kirchplatz 1–3
48612 Horstmar
02558/9979481
www.horstmarerleben.de

Sehenswertes

Historisches Rathaus
Sein heutiges Aussehen verdankt das Rathaus, in dem seit Jahrhunderten der Stadtrat tagt, einem Geschossaufbau aus Ziegelmauerwerk im Jahr 1571.
Adresse: Münsterstraße 1, 48612 Horstmar

Burgmannshöfe
Horstmar war ehemalige Burgmannsstadt. Burgmann ist ein Stand zwischen Uradel und Bauern. Burgmannshöfe wurden von Burgherren oder Landesherren auf oder neben größeren Burgen gebaut. Aufgrund der unterschiedlichen Fassaden und Architektur ist jeder Hof (11. Jahrhundert) einmalig und sehenswert, sechs von acht

sind noch erhalten und können besichtigt werden: Münsterhof, Sendenhof, Merveldter Hof, Borchhorster Hof, Valkenhof, Deipenhof.
Kontakt: Stadtmarketingverein, Hubertus Brunstering, 02558/9979481

▸ Mühlen
Im Ortsteil Leer liegen zwei Wind- und Wassermühlen am Leerbach, sie stammen beide wahrscheinlich aus dem Mittelalter.
Kontakt: Mühlen- und Heimatverein Leer e. V., Josef Denkler, 02551/2163

Das historische Rathaus mit den markanten blau-weißen Fensterläden

Und der sehenswerte Münsterhof mit den auffälligen gelb-roten Fensterläden

▸ Wasserburg Haus Alst
Ein historisches und architektonisches Kleinod ist die Wasserburg „Haus Alst" (1624), im niederländischen Renaissancestil, die noch heute bewohnt wird.
Adresse: Alst 1, 48612 Horstmar

Freizeit & Natur

▸ Radfahren
Zu ausgedehnten Radtouren laden die *100 Schlösser Route*, die *Aa-Vechte-Route* und die *NaTourismus-Route* ein. Horstmar hat auch eine direkte Anbindung an die *RadBahn Münsterland*.
Informationen: www.100schloesserroute.de, www.natourismus-st.de, www.radbahn-muensterland.de

▸ Wandern
Der Schöppinger Berg ist mit 158 Metern die höchste Erhebung der Umgebung. Zu Spaziergängen und ausgedehnten Wanderungen lädt das ausgedehnte Waldgebiet Herrenholz ein. Jannings Quelle ist eine der größten Quellnischen in Westfalen.

Veranstaltungen & Feste

Eine **Schallplattenbörse** gibt es im März, im Juni findet der Markt **„Rosen, Garten & Ambiente"** statt, das **Sommernachtspicknick** lädt im August zum Mitmachen ein und **Kabarett- und Konzertveranstaltungen** werden im Herbst dargeboten.

Ibbenbüren

(Kreis Steinfurt)

Ibbenbüren (51 500 Einwohner) ist eine Bergbaustadt im Tecklenburger Land. Zwischen seiner ersten urkundlichen Erwähnung 1146 und der Verleihung der Stadtrechte 1724 lagen knapp 600 Jahre. Die Anfänge des Kohlebergbaus reichen bis in das frühe 16. Jahrhundert zurück. Der Abbau von Eisenerz begann nach dem Ende des Dreißigjährigen Krieges und dauerte bis ins 20. Jahrhundert. Noch heute wird Anthrazitkohle abgebaut. Darüber hinaus ist auch der gelbliche oder bräunliche Ibbenbürener Sandstein aus den zahlreichen Steinbrüchen der Region bekannt.

Stadtmarketing in Ibbenbüren
Oststraße 28
49477 Ibbenbüren
05451/5454540
www.stadtmarketing-ibbenbueren.de
www.ibbenbueren.de

Sehenswertes

▸ Christuskirche
Die evangelische Christuskirche mit spätgotischem Kirchenschiff aus dem 16. Jahrhundert hat einen romanischen Westturm, dessen unterer Teil aus dem 12. Jahrhundert stammt. Der Kirchplatz, bis 1837 ein Friedhof, wird von denkmalgeschützten Häusern umsäumt.
Adresse: Kanalstraße 11, 49477 Ibbenbüren

▸ Alter Posthof
Erbaut 1743, bildete der alte Posthof von 1781 bis 1856 als Sitz der Poststation das Zentrum von Ibbenbüren, wo Straßen, Kutschen, Reisende sich trafen.
Adresse: Poststraße 5, 49477 Ibbenbüren

▸ Kneipe am Kirchplatz
Das Haus „Kneipe am Kirchplatz" trägt die Jahreszahl 1690, das zweistöckige Fachwerkhaus besticht durch das enggestellte Fachwerk.
Adresse: Kanalstraße 3, 49477 Ibbenbüren

Im Bergbaumuseum ist u. a. diese alte Turbine zu sehen

St. Mauritius

Die spätklassizistische katholische Mauritiuskirche, erbaut 1829 bis 1833 aus Ibbenbürener Sandstein, gilt als die größte und künstlerisch bedeutsamste Kirche des Klassizismus in Westfalen.
Adresse: An der Mauritiuskirche, 49477 Ibbenbüren

Museen

Stadtmuseum

Das Museum befindet sich in einem im Stil des Historismus 1892 erbauten Wohnhaus mit klassizistischer Fassade aus rotem Ziegel und heimischem Sandstein. Im Innern beeindrucken bemalte Stuckdecken, Holzvertäfelungen, Türportale, Jugendstil-Bodenfliesen und marmorierte Wände. Das Museum informiert über die geschichtliche und kulturhistorische Entwicklung Ibbenbürens.
Kontakt: Breite Straße 9, 49477 Ibbenbüren, 05451/5047795, www.stadtmuseum-ibbenbüren.de

Bergbaumuseum

In Ibbenbüren wurde Steinkohle abgebaut. Im Museum erfährt man vieles über den Bergbau im 18. bis 20. Jahrhundert: Maschinen, Arbeitsgeräte, Mineralien, Fossilien, Zieröfen u. v. m. können hier besichtigt werden.
Kontakt: Osnabrücker Straße 112, 49477 Ibbenbüren, 05451/899617

Fahrzeug- und Technikmuseum „Alte Feuerwache“

Hier gibt es Oldtimer ab Bj. 1920 und andere Sammlerstücke zu bewundern. Es gibt auch eine Restaurationswerkstatt und Fahrzeuge können geliehen werden.
Kontakt: Püsselbürener Damm 23, 49477 Ibbenbüren, Manfred Jesse, 0170/2722321, www.altefeuerwache.net

Motorrad-Museum Ibbenbüren

In einem historischen Schulgebäude befindet sich das Motorradmuseum, in dem 180 Exponate vom Hochrad bis zur Rallyemaschine die Herzen nicht nur von Motorradfans höher schlagen lassen.
Kontakt: Markweg 26, 49479 Ibbenbüren, 05451/6554, www.motorradmuseum-ibbenbueren.de

Heimathaus Ibbenbüren

Auf dem Gelände des Freizeithofes Bögel-Windmeyer kann man eintauchen in das bäuerliche und handwerkliche Leben vergangener Zeit. Alte Berufe und Geräte werden hier gezeigt.
Kontakt: Am Sportzentrum 30, 49477 Ibbenbüren, Georg Schröer 05451/16360

Freizeit & Natur

Aasee

In der Nähe des Stadtzentrums gelegen gibt es am Aasee jede Menge Freizeitangebote vom Segeln, über Angeln bis Tretbootfahren sowie Spielplätze und Skaterpark.

▸ Ballonfahren

Das Ballonteam Mettingen bietet Ballonfahrten rund um Ibbenbüren an.
Kontakt: 05452/935493, 0151/11851867, www.ballonteam-mettingen.de

▸ Kletterwald

Im Kletterwald am Heimathaus/Freizeithof Bögel-Windmeyer warten über 150 Spaß- und Kletterelemente unterschiedlicher Schwierigkeitsgrade auf die Besucher. Ein besonderes Highlight ist die 185 m lange Seilbahn.
Kontakt: Am Sportzentrum, 49477 Ibbenbüren, 05451/5448794, www.kletterwald-ibbenbueren.de

▸ Naturerlebnispark NaturaGart

In diesem Freizeitpark der besonderen Art verschaffen eine große angelegte Teichlandschaft sowie ein Kaltwasseraquarium – das größte in Deutschland –, in welchem die Unterwasserwelt zu beobachten ist, einen besonderen Naturkontakt. Im eigens angelegten Tauchpark werden Schnuppertauchkurse, Tauchgänge und Tauchausbildung angeboten. Führungen im Park und zur Wasserwildnis sind ab 30 Personen möglich.
Kontakt: Riesenbecker Straße 63, 49479 Ibbenbüren-Dörenthe, 05451/59340, www.naturagart.de

▸ Radfahren

Rund um Ibbenbüren gibt es Routen verschiedener Schwierigkeitsgrade und Länge wie die *Ibbenbüren Total* (61 km), *Ibbenbüren hoch oben, Ibbenbüren kinderleicht, Ibbenbüren wasserreich* und *Ibbenbüren anspruchsvoll.*

▸ Reiten

Pferdefreunde finden auf zwei Höfen ihr Glück.
Kontakt:
Erlebnishof Loebke, Alstedder Straße 148, 49479 Ibbenbüren, www.loebke.com
Retzlaff-Pferdeparadies, Moorweg 12, 49479 Ibbenbüren, www.retzlaffs-pferdeparadies.de

Fröhlich und bunt geht es auf der Ibbenbürener Großkirmes zu

▸ Schwimmen

Das Aaseebad, ein Freizeit- und Erholungsbad, bietet Badevergnügen drinnen und draußen mit großer Beckenlandschaft, Rutsche, Wellenbad, Grotte, Sauna u. v. m.
Kontakt: An der Umfluth 99, 49479 Ibbenbüren, 05451/14770, www.aaseebad-ibbenbueren.de

Sommerrodelbahn

Der Freizeitpark „Sommerrodelbahn" verfügt über 120 m Schlittenpiste – ohne Schnee. Außerdem gibt einen Märchenwald, Wasserspiele, große Kinderspielplätze und weitere Angebote für Familien.
Kontakt: Münsterstraße 265, 49479 Ibbenbüren, 05451/3226, www.sommerrodelbahn.de

Wandern

Zahlreiche Wanderwege laden rund um Ibbenbüren zum Wandern ein, der bekannteste ist der *Hermannsweg*, der zwischen Ibbenbüren und Dörenthe verläuft. Die *Bergbauwanderrouten* führen als Rundwege über Berg und Tal. Auch die *Teutoschleifen* und die *Laggenbecker Routen* sind attraktive Rundwanderwege im Tecklenburger Land.

Veranstaltungen & Feste

In Ibbenbüren dreht sich vieles um historische Fahrzeuge: Das internationale **Motorrad-Veteranen-Treffen** mit Motorrad-Oldtimern zu Pfingsten und das **Schnauferl-Treffen** mit historischen Automobilen am ersten Wochenende im Juli locken Oldtimer-Fans von nah und fern in die Stadt. Beim **Dinosauriertreffen** am ersten Augustwochenende können chromblitzende US-Cars aller Epochen bewundert werden.
Die **Ibbenbürener Großkirmes** am ersten Wochenende im September mit über 200 Schaustellern und rund 200 000 Gästen blickt auf eine lange Tradition zurück, die bis ins 19. Jahrhundert reicht, und ist die zweitgrößte Innenstadtkirmes ihrer Art.
Das erste **Kartoffel-Fest „Tolle Knolle"** am ersten Oktober-Wochenende reiht sich ein in die traditionellen Veranstaltungen in der Stadt.

Isselburg

(Kreis Borken)

Bestehend aus sechs Ortsteilen – Isselburg, Anholt, Werth, Herzebocholt, Heelden und Vehlingen – und nahe an der niederländischen Grenze und dem Niederrhein gelegen, bietet Isselburg (11 200 Einwohner) eine touristische Vielfalt. Ackerbürger, Weber, Töpfer, Bierbrauer und Glockengießer lebten in Isselburg, das 1441 zu den Stadtrechten kam.

Isselburger Verkehrsverein/Tourist-Info
Markt 9
46419 Isselburg
02874/942344
www.isselburg.de

Sehenswertes

Wasserburg Anholt

Sie ist eine der größten und schönsten Wasserburgen im Münsterland mit dem charakteristischen Turm aus dem 12. Jahrhundert, ihrem Ausbau im Barockstil und den barocken Gärten (1705) mit Skulpturen. Sie ist teilweise zu besichtigen, denn der linke Flügel dient noch als Residenz der Fürstenfamilie zu Salm-Salm und beherbergt auch ein Museum, der rechte ist ein Hotel.
Kontakt: Schloß 1, 46419 Isselburg, 2874/90089-0, www.wasserburg-anholt.de

Werther Mühle

Die Turmwindmühle von 1498 war ursprünglich ein Wehrturm der früher eigenständigen Stadt Werth, der im 16. Jahrhundert zur Getreidemühle umgebaut wurde. Ihr Antrieb erfolgte durch Segelflatterflügel. Das Antriebs- und Mahlwerk von 1554 ist noch

erhalten. Eine Besichtigung ist möglich (über die Tourist-Info).
Adresse: Zur Mühle 11, 46419 Isselburg

▸ Historisches Rathaus in Anholt

Das historische Rathaus wurde 1567 errichtet, es handelt sich um einen verputzten Backsteinbau mit geschweiftem Giebel und runden Fialen.
Adresse: Markt 14–16, 46419 Isselburg

▸ Mittelalterliches Rathaus in Werth

Von der mittelalterlichen Burg Werth, einer ehemaligen Wasserburg, ist nur das zur Stadtbefestigung gehörende Torhaus erhalten, das lange Zeit als Rathaus genutzt wurde. Heute dient es als Kulturzentrum.
Adresse: Deichstraße 16 a, 46419 Isselburg-Werth

▸ Stadtturm Isselburg

Die neu gegründete Stadt Isselburg hatte im 15. Jahrhundert eine Stadtmauer mit vier Türmen und drei Toren. Der Wehrturm aus dem 15. Jahrhundert ist der letzte erhaltene, mit 15 m Höhe und 1,75 m dicken Mauern. In der Turmstube werden heute mittelalterliche Möbel, Geschirr- und Waffenrepliken ausgestellt.
Kontakt: Heimatkreis Isselburg e. V., 02874/750, www.heimatkreis.com

Museum

▸ Museum Wasserburg Anholt

Das Museum in der Barockresidenz zeigt Porzellan, Wandteppiche, Mobiliar, eine Münzsammlung, die Bibliothek, die Waffenkammer, die Hofküche, das Verlies im Dicken

Das barocke Schloss Anholt gilt als eine der schönsten Wasserburgen im Münsterland

Turm und als Highlight die Gemäldegalerie u. a. mit Rembrandts „Diana und Actäon“. Auch der Park kann gegen Eintrittsgeld das ganze Jahr besucht werden.
Kontakt: Schloß 1, 46419 Isselburg, 2874/90089-0, www.wasserburg-anholt.de

Freizeit & Natur

▸ Biotopwildpark Anholter Schweiz
Der 56 ha große Biotopwildpark ist eine landschaftliche Nachbildung des Vierwaldstätter Sees, die Fürst Leopold zu Salm-Salm 1893 in Erinnerung an seine Hochzeitsreise erbauen ließ. In dem Englischen Garten leben neben Kragenbären und Braunbären im tiergerechten Bärenwald 50 verschiedene Tierarten in artgerechten Gehegen und Großvolieren. 6 km Wanderwege führen durch den Park.
Kontakt: Pferdehorster Straße 1, 46419 Isselburg, 02874/45355, www.anholter-schweiz.de

▸ Golf
Der Platz des Golfclubs Wasserburg Anholt e. V. ist umgeben von der Anlage der Wasserburg Anholt und dem benachbarten Tierpark und wird durchzogen von zwei Flussläufen. Die 18 Spielbahnen haben eine Länge von 5314 m (Damen) bzw. 6041 m (Herren).
Kontakt: Schloss 3, 46419 Isselburg-Anholt, 02874/915120, www.golfclub-anholt.de

▸ Ponyhof
Auf dem Ponyhof Leiting gibt es viele Attraktionen für Kinder: Ponys, Streichelzoo, Trampolin, Kinderspielplatz, Autoscooter, große Traktoren u. v. m. lassen Kinderherzen höher schlagen.
Kontakt: Thomas Leitung, Alte Bundesstraße 3, 46419 Isselburg, 02873/757, www.ponyhof-leiting.de

▸ Radfahren
Der Radweg *Bocholter Aa (Aa-Route)* führt durch idyllische flache Landschaften, historische Stadtkerne und verbindet die Orte Velen, Borken, Rhede, Bocholt und Isselburg. Die Königin der Radrouten im Münsterland ist die *100 Schlösser Route,* auf der man durch die Münsterländer Parklandschaft radelt und zahlreiche Wasserschlösser, Burgen, Herrensitze und Gräftenhöfe entdecken kann.

Veranstaltungen & Feste

Das alljährliche **Stadtfest** in Isselburg wird immer am Samstag und Sonntag nach Fronleichnam gefeiert.

Ladbergen

(Kreis Steinfurt)

Die Gemeinde Ladbergen (6700 Einwohner) im Tecklenburger Land ist eine der kleinsten im Kreis. 950 wurde erstmalig ein Ort an dieser Stelle urkundlich erwähnt, jedoch legen Ausgrabungen eine wesentlich frühere Besiedlung nahe. 1149 wurde Ladbergen ein selbstständiges Kirchspiel. Im Mittelalter gehörte es zur Herrschaft der Grafen von Tecklenburg. Erwerbsquelle war über Jahrhunderte die Landwirtschaft, jedoch veranlasste der karge Sandboden viele Ladberger, im 20. Jahrhundert nach Amerika auszuwandern. Dafür entwickelte sich das Handwerk positiv, insbesondere das Tischlerhandwerk machte sich über die Region hinaus einen Namen.

Tourist-Info Ladbergen
Alte Schulstraße 1
49549 Ladbergen
05485/3635
www.ladbergen.de

Sehenswertes

▸ Evangelische Kirche
Erbaut 1854 bis 1856, geht ihre Bauweise auf die Berliner Richtung und den Preußischen König Friedrich Wilhelm zurück. Der Glockenturm ist von 1892.
Adresse: Dorftsr. 18, 49549 Ladbergen

▸ Getreidemühle Erpenbeck
Auf Gut Erpenbeck liegen eine Getreidemühle und eine Öl-Boke-Zichorien-Mühle, sie wurde 1840 vollendet und 1991 restauriert. Mahlvorführungen finden auf Anfrage statt.
Kontakt: Erpenbecker Straße, 49549 Ladbergen, 05485/96090

Der Afrouper ist der Ausrufer vor der Tourist-Info

▸ Afrouper
Die Bronzeskulptur des „Ausrufers“ (1994) erinnert an den alten Brauch, Nachrichten und Bekanntmachungen nach dem Gottesdienst auszurufen.

Museum

▸ Heimatmuseum
Im Ladberger Heimatmuseum erhalten Sie Einblick in Geschichte, Kultur, Leben, Bräuche in Ladbergen bis in die Gegenwart.
Kontakt: Am Aabach 9, 49594 Ladbergen, 05485/1408

Freizeit & Natur

▸ Golf
Auf dem 9-Loch-Golfplatz mit 20 Abschlagplätzen der Golfanlage Ladbergen sind Gäste mit Platzreife gern gesehen.
Kontakt: Hölterweg 8, 49549 Ladbergen, 05485/831813, www.golf-ladbergen.de

In der Getreidemühle Erpenbeck kann man noch heute sehen, wie Korn gemahlen wird

Radfahren

Die *Brachvogelroute*, eine der sechs *Na-Tourismus-Routen* im Tecklenburger Land, führt auf 40 km durch die Feuchtgebiete der Gegend. Drei Fernradwege führen zudem durch Ladbergen und die Region: die *Deutsche Fußball Route NRW*, die *Dortmund-Ems-Kanal-Route* und die *Friedensroute*.
Informationen: www.natourismus-st.de, www.deutsche-fussballroute.de, www.friedensroute.de

Reiten

Reitfreunde – ob für Reitunterricht oder Reitferien – sind auf dem Reiterhof Westerfeld richtig aufgehoben.
Kontakt: Familie Tegelmann, Westerweg 106, 49549 Ladbergen, 05485/2440, www.reiterhof-tegelmann.de

Wandern & Pilgern

Durch Ladbergen verläuft eine Etappe des *Jakobswegs* (Weg I von Osnabrück bis Wuppertal-Beyenburg) und es gibt drei Stempelstellen.
Die *Kirchwege* laden zu insgesamt 16 Rundtouren (zu Fuß oder per Rad) durch das Tecklenburger Land ein, auf denen über 60 Kirchen entdeckt werden können.
Informationen: www.jakobspilger.lwl.org, www.jakobswege-westfalen.de

Veranstaltungen & Feste

„Ladbergen brummt" – beim **Ladberger Bärenfest** im Juni stehen Teddybären im Mittelpunkt. Es gibt Bärenausstellungen an verschiedenen Orten und ein umfangreiches Rahmenprogramm.
Die traditionelle **Ladberger Sommerkirmes** findet immer am dritten Wochenende im August im Bereich Kirchplatz/Alte Schulstraße mit Fahrgeschäften, Spielen und Musik statt.

Laer

(Kreis Steinfurt)

Die Gemeinde Laer (6300 Einwohner) im nordwestlichen Münsterland besteht aus den Ortsteilen Laer und Holthausen. Beide Ortsteile habe eine lange Geschichte. Laer wurde 1134 erstmalig erwähnt, auf dem Gebiet wurden jedoch Wälle einer alten Wehranlage aus dem 5. Jahrhundert entdeckt. Im 19. Jahrhundert blühte die Textilindustrie in Laer auf und war einer der stärksten Industriezweige. Mitte des 20. Jahrhunderts schloss die letzte Leinenweberei. Der Ortsteil Holthausen hat seinen Ursprung im Rittergeschlecht Holthausen um das Jahr 1000.

Dorfmarketing Laer e. V.
Am Rathaus 1
48366 Laer
02554/910610
www.laer.de

Sehenswertes

Schulzenhof Welling

Das Rathaus befindet sich im alten Schulzenhof Welling am Rathausplatz, mit altem Speicher und Mühlenturm, umgeben von Park- und Teichanlagen. Der Schulzenhof Welling wurde 1248 erstmals urkundlich erwähnt. Die historische Klappwindmühle wird heute zu Wohnzwecken genutzt.
Adresse: Am Rathaus 1 – Alter Speicher, 48366 Laer

St. Bartholomäus

Die römisch-katholische Pfarrkirche wurde erstmals 1181 urkundlich erwähnt und 1278 an die Johanniter in Burgsteinfurt verkauft. Die heutige spätgotische Hallenkirche aus Baumberger Sandstein wurde

Stolz ragt der Turm der katholischen Pfarrkirche St. Marien in den Himmel auf

über dem romanischen Vorgängerbau errichtet. Der imposante Westturm trägt das Datum 1448.
Adresse: Kolpingweg 4, 48366 Laer

▸ St. Marien
Die römisch-katholische Kirche von Holthausen hat ihren Ursprung in der Pfarrei Holthausen von 1265. Vom Kirchenbau von 1448 ist noch der Chor erhalten.
Adresse: Borghof 14, 48366 Laer-Holthausen

Museum

▸ Holskenmuseum
Das Holzschuhmuseum befindet sich in einem denkmalgeschützten Haus aus dem Jahr 1935. Hier wohnte und arbeitete der Holzschuhmachermeister Clemens Bäumer mit seiner Familie. Heute kann man sich in dem vom Heimatverein eingerichteten Museum mit seinen Werkzeugen und Maschinen über das Holzschuhmacherhandwerk informieren.
Kontakt: Terup 25, 48366 Laer, 🌐 www.heimatverein-laer.de

Freizeit & Natur

▸ Kutsch- & Planwagenfahrten
Aus der Kutsche oder dem Planwagen heraus kann man in netter Gesellschaft die schöne Landschaft langsam an sich vorbeiziehen lassen.
Kontakt: Eigenbrodt, Am Bach 7, 48612 Horstmar-Leer, ☏ 02551/82614, 🌐 www.kutsch-planwagenfahrten-eigenbrodt.de

▸ Radfahren
Gut ausgebaute und ausgeschilderte Radrouten führen durch Laer und die Region: Die *Aa-Vechte Tour*, die *RadBahn Münsterland*, die *NaTourismus-Routen* sowie die *100 Schlösser Route*.
Informationen: 🌐 www.radbahn-muensterland.de, 🌐 www.natourismus-st.de, 🌐 www.100schloesserroute.de

Legden

(Kreis Borken)

Legden (7000 Einwohner) liegt eingebettet in die Münsterländer Parklandschaft in der Nähe der niederländischen Grenze. Die Gemeinde besteht seit 1969 aus den Ortsteilen Legden und Asbeck. Die erste urkundliche Erwähnung beider Orte geht auf das Jahr 1092 zurück. Legden trägt auch den Namen Dahliendorf, alle drei Jahre findet im September ein Dahlienkinderblumenkorso statt und der Dahliengarten im Ortskern ist jeden Sommer zu bewundern. Asbeck hat seinen dörflichen Charakter als ehemaliges Stiftsdorf bewahrt, Dormitorium und Stiftsmuseum sind historische Zeugnisse dieser Zeit.

Verkehrsverein des Dahliendorfes Legden e. V.
Hauptstraße 17
48739 Legden
02566/9503
www.touristik-legden.de

Vor der Kulisse von St. Brigida erblühen im Sommer die Dahlien

Sehenswertes

Stift Asbeck

Im 12. Jahrhundert wurde das Klostergebäude gebaut, als Wohnhaus der Äbtissinnen. 1803 wurde das Damenstift aufgelöst und von der Familie zu Salm erworben. Heute wird es als privates Wohnhaus genutzt. Eine Besichtigung der Reste des Südflügels des Kreuzganges (hier befinden sich heute Ausstellungsräume eines Geschäftes) ist möglich. Das historische Torhaus (1630) ist der nördliche Eingang zum Stiftsbezirk. Die romanische Stiftskirche St. Margareta stammt aus dem 12./13. Jahrhundert. Im Dormitorium und Kreuzgang (um 1200) unterhält der Heimatverein Asbeck e. V. u. a. eine Stiftsdokumentation.
Adresse: Stiftsstraße, 48739 Legden

Dahliengarten

160 verschiedene Dahliensorten können mitten im Ortskern von Legden in der Blütezeit Mitte Juli bis Mitte Oktober bewundert werden, der integrative Begegnungsgarten ist öffentlich und ganzjährig geöffnet. Es gibt verschiedene Veranstaltungen und geführte Besichtigungen nach Vereinbarung.
Informationen:
www.dahliengarten-legden.de

Taubenturm

Der ursprüngliche Kornspeicher, in dem sich heute der Verkehrsverein befindet, zeugt vom damaligen Recht des „freien Taubenflugs".
Kontakt: Hauptstr. 17, 48739 Legden, www.touristik-legden.de

Beim Dormitorium des Klosters Stift Asbeck aus dem 12. Jahrhundert treffen Alt und Neu aufeinander

als Saal für Begegnungen, Kunst und Kommunikation genutzt. Eine Stiftsdokumentation, eine Ausstellung zur Geschichte der Münsterländer Damenstifte, befindet sich im Obergeschoss.
Kontakt: Stiftsstraße 20, 48739 Legden-Asbeck, 02566/909419, www.heimatverein-asbeck.de

▸ St. Brigida
Die spätromanische Pfarrkirche aus dem 3. Jahrhundert hat ein sehr altes Glasbrandfenster, das Wurzel-Jesse-Fenster, mit der Darstellung des Stammbaumes Jesu.
Adresse: Kirchplatz 8, 48739 Legden

▸ Haus Egelborg
Das Wasserschloss (1559–1713) im niederländischen Renaissancestil kann von außen besichtigt werden.
Adresse: 48739 Legden

▸ Düstermühle
Die Backsteinmühle am Ufer der Dinkel ist ein beliebtes Ausflugsziel mit Gastronomie.
Adresse: Wehr 252, 48739 Legden

Museum

▸ Dormitorium Asbeck und Stiftsmuseum Asbeck
Das Dormitorium und der Kreuzgang (ca. um 1200) wurden vom Heimatverein Asbeck e. V. erworben und umgebaut und werden heute

Freizeit & Natur

▸ Ballonfahrt
Die Welt von oben sehen kann man bei einer Ballonfahrt inklusive Taufe.
Kontakt: Verkehrsverein Legden, 02566/9503

▸ Radfahren
Auf der *Flamingoroute* radelt man auf einem der schönsten Abschnitte ab dem Dahlien- und Freizeitdorf Legden. Die *Kleeblatttouren* bieten Routen durch das Westmünsterland. Die *Stiftsroute* startet im Stiftsdorf Asbeck und führt zu verschiedenen ehemaligen Stiften in der Region. Auf der *Drei-Burgen-Fahrt* sind die Wasserschlösser Haus Egelborg Legden, Schloss Varlar bei Coesfeld und Schloss Darfeld in Rosendahl zu entdecken.
Informationen: www.flamingoroute.com

▸ Segway
Mit dem Segway PT oder Ninebot kann man Dorf-Touren durch Legden und Asbeck unternehmen.

Kontakt: Verkehrsverein Legden, 02566/ 9503 und Dorf Münsterland, Haidkamp 1, 48739 Legden, 02566/208-0, www. dorfmuensterland.de

Veranstaltungen & Feste

Am 1. Mai findet traditionell der **Asbecker Schnadgang** statt, dabei werden die Grenzen des Hauses Asbeck und des adligen Damenstiftes in historischen Kostümen abgeschritten.
Mit jährlich bis zu 80 000 Besuchern zählt der **Düstermühlenmarkt** im August zu den größten Volksfesten im Münsterland. Auf den Wiesen rund um die Düstermühle erwartet die Besucher ein abwechslungsreiches Angebot mit großer Agrarschau, Krammarkt, Kirmes, Pferde- und Kleintiermarkt.

Lengerich

(Kreis Steinfurt)

Die Stadt Lengerich (23 900 Einwohner) liegt zwischen Münster und Osnabrück im Tecklenburger Land am Südhang des Teutoburger Waldes. Die Stadt blickt auf eine lange Siedlungsgeschichte zurück, denn in der Bauerschaft Wechte wurde eine 4000 Jahre alte Megalithanlage gefunden. Lengerich selbst wurde 1147 erstmals urkundlich erwähnt. Im 16. Jahrhundert siedelten sich Händler und Kaufleute an, auch das Handwerk war verbreitet und mehrere Mühlen waren in Betrieb.

Tourist-Info
Rathausplatz 1
49525 Lengerich
05481/82422
www.lengerich.de

Sehenswertes

▸ Altes Rathaus
Im Jahr 1897 errichteten alten Rathaus befindet sich heute die Tourist-Information.
Adresse: Rathausplatz 1, 49525 Lengerich

▸ Haus Beccard
Das Heimathaus „Haus Beccard" ist eines der ältesten Gebäude von Lengerich, die Ursprünge des für die Region typischen Ackerbürgerhauses liegen im 17. Jahrhundert, seine heutige Gestalt und die klassizistische Fassade erhielt es im 19. Jahrhundert.
Adresse: Münsterstraße 26, 49525 Lengerich

▸ Römer
Der Römer ist das Wahrzeichen der Stadt – ein Tordurchgang mit vielfältiger Nutzung seit Beginn des 18. Jahrhunderts, angefangen vom Wohnhaus, über Rathaus, Gefängnis und Feuerwehrgeräteunterstand bis hin zum Klassenzimmer. Heute ist er ein Restaurant.
Adresse: Rathausplatz 4, 49525 Lengerich

▸ Kontor
Der Kontor aus dem 18. Jahrhundert mit spätklassizistischer Fassade aus den Jahren 1896 bis 1897 war das Wohnhaus der Familie Gembt, die früher eine Zichorien- und Pumpernickelfabrik betrieb, später Hanf- und Drahtseile hergestellte.
Adresse: Bahnhofstraße 14, 49525 Lengerich

▸ Gempt-Halle und Schornstein
Das alte Fabrikgebäude der ehemaligen Drahtseilerei J.H. Gempt (1856 gegründet) ist heute Veranstaltungsort für Stadt und Region.
Adresse: Fritz-Gempt-Straße 1, 49525 Lengerich

▸ Megalithgrab
Im Ortsteil Wechte befindet sich ein ca. 4000 Jahre altes Megalithgrab. Es ist

typisch für die Begräbniskultur der Menschen damals.
Adresse: Brochterbecker Straße 71, 49525 Lengerich-Wechte

▸ Gut Erpenbeck
Auf dem früheren Gräftenhof Gut Erpenbeck (1230 erstmalige urkundliche Erwähnung) stehen eine restaurierte Öl- und Getreidemühle, ein Torbogen (1766), ein Speicher, ein Wohnhaus, eine Schinkenräucherei und eine 1100-jährige Eibe. Landwirtschaftliche Produkte kann man im Hofladen kaufen.
Adresse: Erpenbecker Straße 128, 49525 Lengerich

Museen

▸ Heimathaus „Haus Beccard"
Im Heimathaus sind Exponate zu Leben und Arbeiten in der Kleinstadt zu besichtigen. Besichtigung auf Anfrage.
Kontakt: Heimatverein Lengerich, Münsterstraße 26, 49525 Lengerich, Herr Knemöller, ☏ 05481/95556

▸ ☺ Westfälisches Feldbahnmuseum
Feldbahnen, die für den Transport von Bodenschätzen eingesetzt wurden, werden in diesem Museum restauriert und ausgestellt.
Kontakt: Roggenweg 6, 49525 Lengerich, ☏ 05481/6330

Freizeit & Natur

▸ Lengericher Canyon
Der unter Naturschutz stehende Lengericher Canyon mit seinem aus einem stillgelegten Kalksandsteinbruch entstandenen, türkisblauen See bietet einmalige Ausblicke von drei Aussichtsplattformen.
Kontakt: Canyon, 49525 Lengerich

▸ ☺ Schwimmen
Ein Hallen- und ein Freibad laden zum Schwimmen und Baden ein.
Kontakt: In den Rietbroken 8–10, 49525 Lengerich, ☏ 05481/5577, 🌐 www.baeder-online.de

▸ Segway
Mit dem Segway kann man auf einer 18 km langen Strecke die Münsterländer Parklandschaft durchqueren.
Kontakt: Tourist-Info Lengerich, ☏ 05481/82422

▸ Wandern & Radfahren
Für Wandertouren bieten sich der *Hermannsweg*, der *Jakobsweg*, die *Teutoschleife Canyon Blick* an.
Schöne Radtouren lassen sich z. B. auf der *Friedensroute*, der *100 Schlösser Route*, der *Terra.vita Trail 11* und der *Sagenroute* unternehmen.
Informationen: 🌐 www.hermannshoehen.de, 🌐 www.teutoschleifen.de, 🌐 www.jakobswege-westfalen.de, 🌐 www.100schloesser-route.de, 🌐 www.geopark-terravita.de

Veranstaltungen & Feste

Das **Lengericher Brunnenfest** findet am dritten Samstag im Juni statt. Das Open-Air-Festival bietet auf sechs Bühnen Musik, Tanzvorführungen und sportliche Darbietungen und verwandelt Lengerichs Innenstadt in eine Partymeile.
Beim **Schaftag** im September in Lengerich-Wechte stehen nicht Menschen, sondern Schafe im Mittelpunkt, hier geht es um Naturschutz, Tradition und regionale Produkte, der Auf- und Abtrieb der 400-köpfigen Schafherde ist ein Highlight.
Auf dem **Römermarkt** am zweiten Sonntag im Oktober führen Aussteller und Handwerksbetriebe, wie. z. B. Zinngießer, Korbflechter oder Filzer ihr Handwerk vor.

Lienen

(Kreis Steinfurt)

Die Gemeinde Lienen (8600 Einwohner) mit den Ortsteilen Lienen (staatlich anerkannter Erholungsort) und Kattenvenne sowie sechs Bauerschaften liegt am Südhang des Teutoburger Waldes, eine siebte Bauerschaft – Holperdorp – liegt nördlich des Berges. Der Westerbecker Berg bei Lienen ist mit 235 m die höchste Erhebung im Münsterland.
Der Name Lienen taucht 1088 erstmalig in einer Urkunde auf und bedeutet „Ort am Berg", während Kattenvenne 1312 zum ersten Mal urkundlich erwähnt wird und auf die Moor- und Heidelandschaft hinweist.

Tourist-Information
Haus des Gastes
Diekersdamm 1
49536 Lienen
05483/739650
www.lienen.de

Sehenswertes

Duvensteine in Holperdorp
Die Duvensteine sind Felsengebilde aus Sandstein, die dem Namen nach vorchristliche Kultstätten gewesen sein könnten.

Freizeit & Natur

Lienener Barfußpark
Barfuß laufen und spüren, wie sich unterschiedliche Naturmaterialen anfühlen, das kann man im Barfußpark, der angrenzende Wasserspielplatz lädt die Kleinen zum Matschen und Klettern ein.
Kontakt: Haus des Gastes, Diekesdamm 1, 49536 Lienen, www.barfusspark-lienen.de

Radfahren
Radtouren durch die Münsterländer Parklandschaft bieten sich auf unterschiedlichen Radrouten an: Hecken und kleine

Das Münsterland ist eine pferdefreundliche Region

Bauernwälder, Wiesen und Weiden säumen die *Heckenroute* (ein Rundkurs der *NaTourismus-Routen)* durch flache Landschaft. Die *Friedensroute* verbindet die historischen Rathäuser der Städte Münster und Osnabrück. Die *Grenzgängerroute Teuto-Ems* leitet über zwölf Städte und Gemeinden, teils auf alten Schmugglerpfaden.
Informationen: www.natourismus-st.de, www.friedensroute.de, www.grenzgaengerroute.de

▸ Reiten
In der pferdefreundlichen Gemeinde Lienen gibt es vielseitige Reitangebote. Die *Reitroute Lienen* ist ein 34 km langer Rundreitweg durch die Münsterländer Parklandschaft.
Kontakt: Zucht-, Reit- und Fahrverein Lienen e. V., Meckelweger Straße 21, 49536 Lienen, 05483/749486, www.rv-lienen.de, Reitanlage: Nigge Weg, 49536 Lienen-Westerbeck

▸ Wandern
15 Rundwanderwege zu den Höhen des Teutoburger Waldes und durch alte Buchenwälder laden zu abwechslungsreichen Touren ein. Der „Holperdorper" *(Teutoschleifen)*, ein 13 km langer Rundweg, bietet viel Abwechslung. Der *Hermannsweg* ist im Teutoburger Wald häufig ein Kammweg.
Informationen: www.teutoschleifen.de, www.hermannshoehen.de

Veranstaltungen & Feste

Ob **Frühjahrskirmes** im März, **Mittelaltermarkt** im Barfußpark im Mai, das **Schützenfest mit Dorffest „Lienen in Grün"** am Dorfteich im Juni/Juli oder der Lienener **Herbst- bzw. Sonnenblumenmarkt** (im jährlichen Wechsel) – in Lienen gibt es viele Feste im Jahr zu feiern.

Lippetal

(Kreis Soest)

Die zwischen der Münsterländer Parklandschaft und der Soester Börde gelegene Gemeinde Lippetal (12 300 Einwohner) vereint seit 1969 elf Dörfer: Herzfeld, Lippborg, Brockhausen, Heintrop-Büninghausen, Hovestadt, Hultrop, Krewinkel-Wiltrop, Niederbauer, Nordwald, Oestinghausen und Schoneberg. Lippetal war ihr Planungsname, der beibehalten wurde. Die Lippe durchfließt die Gemeinde von Ost nach West. Felder, Wiesen und kleine Wälder prägen das landschaftliche Bild der Gemeinde.

Tourist-Information Gemeinde Lippetal
Rathaus in Hovestadt
Bahnhofstraße 7
59510 Lippetal
02923/980228
www.lippetal.de

Sehenswertes

▸ Schloss Hovestadt mit Barockgarten
Das Schloss, 1292 erstmals urkundlich erwähnt, wurde im Mittelalter mehrmals zerstört und 1563 bis 1572 als Wasserburg wieder aufgebaut. Schloss Hovestadt ist seit 1733 von den Grafen von Plettenberg bewohnt und kann daher nicht besichtigt werden. Die barocken Gartenanlagen sind in der Mitte des 18. Jahrhunderts angelegt worden und entsprechen den französischen Gärten dieser Zeit. Im Rahmen einer Führung ist eine Besichtigung der Parkanlagen möglich.
Kontakt: Schlossstraße 1, 59510 Lippetal-Hovestadt; Gemeinde Lippetal, 02923/980-228

Verschiedene Baustile und Epochen lassen sich am Wasserschloss Haus Assen ablesen

▸ Wallfahrtsbasilika St. Ida Herzfeld
Der hohe Turm von St. Ida ist von Weitem zu sehen. Die neugotische Kirche wurde 1900 bis 1903 dort errichtet, wo um 790 die Gräfin Ida und ihr Mann Herzog Egbert eine Kirche bauen ließen. In der Krypta befindet sich der goldene Schrein mit den Reliquien der heiligen Ida. Die Grabeskirche der heiligen Ida wurde 2011 zur Päpstlichen Wallfahrtsbasilika erhoben.
Adresse: Kirchplatz 10, 59510 Lippetal-Herzfeld

▸ Wasserschloss Haus Assen
Das Wasserschloss wurde im 14. Jahrhundert errichtet und im 15. Jahrhundert erweitert. Im 16. Jahrhundert entstand das heutige Renaissance-Schloss. Seit 1653 war die Burg im Besitz der Familie von Galen und wurde bis 2002 von ihr bewohnt. Bernhard Graf von Galen übergab sie 1997 der Ordensgemeinschaft Servi Jesu et Mariae. Es finden regelmäßig öffentliche Gästeführungen und Veranstaltungen statt.
Kontakt: Assenweg 1, 59510 Lippetal-Lippborg, 🌐 www.haus-assen.de

▸ Sändkers Windmühle
Die Mühle aus heimischem Kalksandstein stammt aus dem Jahr 1813, ihre Flügel haben eine Spannweite von 20 m. Die Mühle ist noch betriebsfähig und kann besichtigt werden, eine Ausstellung informiert über die Geschichte.
Kontakt: Förderverein Sändkers Mühle e. V., Heintroper Straße 3, 59510 Lippetal-Heintrop, ☏ 02527/947764, 🌐 www.saendkers-muehle.de

Museum

▸ Museumseisenbahn
Betrieben von der Museumseisenbahn Hamm e.V. und den Hammer Eisenbahnfreunden e.V. verkehren historische Züge mit Dampf und Dieselloks zwischen Hamm-Süd und Lippborg-Heintrop, dem Landbahnhof in Lippetal.
Informationen: www.museumseisenbahn-hamm.de

Freizeit & Natur

▸ Radfahren
Das Radwegenetz hat Anschluss an überregionale Radwanderrouten wie die *Römer-Lippe-Route*, die *100 Schlösser Route*, die *LandesGartenSchau-Route*, den *Radweg Auenland*. Daneben führen auch regionale Themenrouten sowie die internationale Route *Fietsen naar Praag* durch die Region.
Informationen: www.roemerlipperoute.de, www.100schloesserroute.de, www.lgs-route.de

Das Wasserschloss Hovestadt in idyllischer Lage

▸ Wallfahrt
Das Grab der heiligen Ida, Nichte Karls des Großen und Stammmutter des sächsischen Königshauses, in der Krypta von St. Ida ist als nationales und religiöses Denkmal Ziel vieler Wallfahrer. Führungen durch die Basilika und Haus Idenrast werden angeboten.
Kontakt: Katholische Pfarrgemeinde St. Ida in Herzfeld und Lippborg, Lippstädter Straße 4, („Alte Post"), 59510 Lippetal, 02923/508, www.sankt-ida.de

Veranstaltungen & Feste

Karneval wird in Lippetal gerne und viel gefeiert, der **Rosensonntagsumzug** bildet einen Höhepunkt.
Am zweiten Sonntag im August können Fahrradfreunde beim **Lippetaler Fahrradthon** auf einem 42 km langen Rundkurs radeln.
Der traditionelle **Lippborger Markt** findet am letzten Wochenende und am letzten Dienstag im August mit Kirmes, Kram- und Viehmarkt statt.

Lotte

(Kreis Steinfurt)

Die Gemeinde Lotte (13 500 Einwohner) mit den Ortsteilen Lotte, Büren, Halen und Wersen liegt im Tecklenburger Land. Wersen tauchte um 1000 erstmals in einer Urkunde auf, 1150 entstand das Kirchspiel Wersen. Lotte wurde im 13. Jahrhundert erstmalig urkundlich erwähnt, das Kirchspiel Lotte gründete 1312 Graf

Otto III. von Tecklenburg. Eine Besiedlung auf dem Gebiet von Lotte muss es schon in der Jungsteinzeit gegeben haben, darauf weisen die „Sloopsteine" (Megalithgrab) bei Wersen hin.

Gemeinde Lotte
Westerkappelner Straße 19
49504 Lotte
05404/8890
www.lotte.de

Sehenswertes

Sloopsteine
Die jungsteinzeitlichen Sloopsteine aus der Zeit um 3000 v. Chr. gelten als eine der größten prähistorischen Kulturstätten Nordwestdeutschlands.
Adresse: Sloopsteinweg, Wersen, www.sloopsteine.de

Pfarrkirche in Lotte
Die gotische Pfarrkirche in Lotte (1312–1315) hat einen etwas geneigten Kirchturm von 1644.
Adresse: Bahnhofstraße/Kirchplatz, 49504 Lotte

Wersener Dorfkirche
Die romanische Wersener Dorfkirche stammt aus dem Jahr 1271, wahrscheinlich wurde an ihrer Stelle 1120 durch die Tecklenburger Grafen eine Kapelle (als Vorgängerkirche) errichtet. Westturm und Südschiff entstanden erst 1886/1906.
Adresse: Westerkappelner Straße/Halener Straße, 49504 Wersen

Mühle Bohle
Die über 300 Jahre alte Getreide- und Sägemühle im Ortsteil Wersen war bis 1975 in Betrieb. Sie wird vom Verein Mühle Bohle e.V. restauriert
Informationen: www.muehle-bohle.de

Mühle Kluth und Mühle Tüchter
Die ehemalige Wassermühle Kluth diente als Bokel- und Ölmühle (bis 1908), danach als Getreidemühle. Die Mühle Tüchter war eine Kornmühle (stillgelegt Ende der 1950er-

In Wersen steht diese idyllische Mühlenanlage der Mühle Bohle

Jahre) und seit 1865 im Besitz der Familie Tüchter. Beide Mühlen mussten sich das aufgestaute Wasser der Düte teilen.
Adresse: Alter Mühlenweg, 49504 Wersen

Freizeit & Natur

▸ Golf
Der Golfclub Osnabrück Dütetal e. V. verfügt über eine 18-Loch-Anlage und ein beheiztes Trainingscenter.
Kontakt: Wersener Straße 17, 49504 Lotte-Wersen, ☏ 05404/998610

▸ Radfahren
Der Radwanderweg *Lotter Acht* führt in drei Streckenabschnitten um und durch die Ortsteile Lotte, Wersen, Halen, Büren. Auf den *NaTourismus-Routen* kann man radelnd die Landschaft zwischen Moor und Mittelgebirge „erfahren".
Informationen: 🌐 www.natourismus-st.de

▸ Wandern
Der *Mühlenweg am Wiehengebirge* führt auf einer Rundstrecke von 97 km vorbei an Mühlen, Schlössern, Burganlagen, Hünengräbern und dem Schlachtfeld bei Kalkriese.
Informationen: 🌐 www.muehlenweg-am-wiehengebierge.de

Lüdinghausen

(Kreis Coesfeld)

Die Stadt Lüdinghausen (24 000 Einwohner) liegt zwischen Münster und Dortmund am Dortmund-Ems-Kanal und am Fluss Stever mit seinen vielen Seitenarmen. Wasser ist daher ein prägendes Element im Stadtbild und begründet die Existenz vieler Brücken, Wasserburgen und Mühlen. Lüdinghausens Geschichte reicht bis 800 zurück, es tauchte in einer Schenkungsurkunde von Snelhard und Walfried auf, die ihren Hof in „Ludinchusen" samt Äckern, Wald, Weiden und Flussrechten dem heiligen Liudger übertrugen. 1309 verlieh sich Lüdinghausen eigenmächtig die Stadtrechte. Mit dem Bau des Dortmund-Ems-Kanals kam die große Schifffahrt nach Lüdinghausen.

Lüdinghausen Marketing
Borg 4
59348 Lüdinghausen
☏ 02591/78008
🌐 www.luedinghausen-tourismus.de

Sehenswertes

▸ Historische Altstadt
In der Lüdinghauser Altstadt finden sich einige historische Gebäude wie das klassizistische Rathaus („Borg") aus dem 19. Jahrhundert und das Hakehaus, ehemaliges Armenhaus, ein Fachwerkbau von 1648.

▸ Burg Vischering
Die Burg aus dem Jahr 1271 mit Wehrmauern, Wassergräben, Schießscharten und Zugbrücken ist eine typische Festung aus dem Mittelalter. In der Burg befindet sich ein Museum.
Adresse: Berenbrock 1, 59348 Lüdinghausen

▸ Burg Lüdinghausen
In der Renaissanceburg aus dem 12. Jahrhundert tagten vor 500 Jahren die Geistlichen des Doms zu Münster. Heute steht sie für Kunst, Kultur, Empfänge, Veranstaltungen u. v. m. offen, lediglich die Vorburg ist tw. bewohnt.
Adresse: Amtshaus 14, 59348 Lüdinghausen

▸ Burg Kakesbeck
Sie ist mit einem Durchmesser von 1 km eine der größten mittelalterlichen Burgen im

Münsterland. Sie hatte fünf Vorburgen. Die Gebäude stammen aus dem 13. bis 17. Jahrhundert. Seit 1971 wird sie von den jetzigen Eigentümern saniert und wieder bewohnbar gemacht. Heute befindet sich hier eine Reitakademie.
Kontakt: Bechtrup 63, 59348 Lüdinghausen, Besichtigungstermin über ✆ 02591/4643

Adresse: Wolfsberger Straße 8, 59348 Lüdinghausen

▸ Rosengarten
Im ehrenamtlich betriebenen Rosengarten auf einer ehemaligen Müllkippe können ca. 600 Rosensorten auf 18 753 qm bewundert werden. 2,5 km Spazierwege führen durch das Areal.

Burg Vischering gleicht einer typischen Festung aus dem Mittelalter

▸ Burg Wolfsberg
Erstmals 1271 erwähnt, wurde die Burg im 19. Jahrhundert im klassizistischen Stil umgestaltet. Man sieht heute nur noch das Herrenhaus, aber die Burg hat eine interessante Geschichte: Der Bischof von Münster wollte sie zerstören lassen, die Brüder Bernhard von Wolfsburg und Hermann von Burg Lüdinghausen bauten ihre Burgen aber wieder auf und verliehen Lüdinghausen sogar die Stadtrechte.

Kontakt: Am Rosengarten 6, 59348 Lüdinghausen-Seppenrade, 🌐 www.seppenrade.de

Museum

▸ Münsterlandmuseum Burg Vischering
Hier werden Ausstellungen zum Leben im Mittelalter und der Frührenaissance, zur Geschichte der Burg und ihrer Bewohner präsentiert. Auch für kulturelle Veranstaltungen steht die Burg offen.

Die Renaissanceburg Burg Lüdinghausen stammt aus dem 12. Jahrhundert

Kontakt: Berenbrock 1, 59348 Lüdinghausen, 02591/7990-0, www.burg-vischering.de

Freizeit & Natur

Angeln

Klutensee, Stever sowie Kanal bieten Möglichkeiten zum Angeln. Den Fischereiverein gibt es seit 1887.

Kontakt: Fischereiverein Lüdinghausen e.V., Rohrkamp 29, 59348 Lüdinghausen, www.fvlh.de

Bauerngolf

Beim Bauerngolf wird ein großer luftgefüllter Ball mit einem Schläger über das Grün in Löcher getrieben. Der Parcours hat zehn Löcher.

Kontakt: Bechtrup 6, 59348 Lüdinghausen, 02591/3786

Kanufahren

Kanuverleih und Kanutouren mit Rücktransfer buchen kann man beim Gasthaus und Weinmarkt Ricordo.

Kontakt: Sendener Straße 8, 59348 Lüdinghausen, 02591/940750, www.ricordo.de

Kinderbauernhof Heupferdchen

Auf dem Kinderbauernhof in Ondrup gibt es nicht nur Bauernhoftiere im Mini- und Maxizoo, sondern auch jede Menge Spielgeräte und Möglichkeiten zum Toben wie Heuschlachten, Kettcar-Parcours, Kletterwand, Trampoline etc. für die Kleinen. Derweil können die Großen das Landleben vor dem Herdfeuer oder im Schatten der Bäume genießen.

Kontakt: Familie Schulze Spüntrup, Ondrup 40, 59348 Lüdinghausen, 02591/88394, www.kinderbauernhof-heupferdchen.de

Klutensee
Am Rande von Lüdinghausen befindet sich der 7 ha große Klutensee, ein Baggersee zum Baden, Radfahren und Wandern.

Schwimmen & Sauna
Im Hallenbad Klutensee-Bad kommen alle Wasserratten auf ihre Kosten. Es gibt auch eine Sauna.
Kontakt: Aquapark Management GmbH, Rohrkamp 23, 59348 Lüdinghausen, 02591/79932-0, www.klutensee-bad.de

Radfahren
Für Radtouren in die Lüdinghauser Umgebung bieten sich die Themenrouten *Kleeblatt-Naturrouten* rund um Lüdinghausen, der Stadtrundkurs *Lüdinghauser Acht* oder die längeren Strecken der *Dortmund-Ems-Kanal-Route* und *100 Schlösser Route* an.
Informationen: www.100schloesserroute.de

Veranstaltungen & Feste

Das dreitägige **Stadtfest** im September steht ganz im Zeichen von Musik, Marktgeschehen und Kinderspaß in der Lüdinghäuser Innenstadt.

Metelen

(Kreis Steinfurt)

Die Gemeinde Metelen (6500) Einwohner) liegt in der Münsterländer Parklandschaft am Fluss Vechte. Der liebevoll „Vechtestädtchen" genannte Ort hat eine über 1125-jährige Geschichte und entstand um den Stiftsbereich des Frauenklosters (889 gegründet) herum, der die Entwicklung Metelens stark geprägt hat. 1937 entstand Metelen durch die Zusammenlegung der Gemeinden Wigbold und Kirchspiel.

Touristeninfo Metelen
Sendplatz 18
48629 Metelen
02556/8941 u. 228618
www.metelen.de

Sehenswertes

Pfarrkirche St. Cornelius und Cyprian
Die ehemalige Stiftskirche ging aus dem von Frau Friduwi 889 gegründeten Kloster an der Vechte hervor, aus dem sich im 15. Jahrhundert ein freiweltlich-adliges Damenstift bildete. Der bestehende Bau wurde zum Ende des 12. Jahrhunderts begonnen und bis zur zweiten Hälfte des 13. Jahrhunderts fertiggestellt. Die Klosteranlage wurde von 1856 bis 1858 grundlegend umgebaut.
Adresse: Cyprianusstraße, 48629 Metelen

Plagemann's Mühle
Die Kornwassermühle entstand wahrscheinlich bereits um die Zeit der Klostergründung 889, ihr Name leitet sich vom letzten Besitzer Josef Plagemann ab. Seit 1985 ist die Mühle im Besitz der Stadt und wird vom Heimatverein betrieben, der darin ein Mühlen- und Sägewerksmuseum eingerichtet hat.
Kontakt: Mühlentor 22, 48629 Metelen, www.heimatverein-metelen.de

Museen

Eisenbahnmuseum
Die Eisenbahn-Interessengemeinschaft Metelen e.V. betreibt das Eisenbahnmuseum Metelen Land an der Bahnstrecke Münster–Enschede gelegen. Hier können Eisenbahnfreunde von der Uniform- und Mützensammlung über Stellwerk, Gleisanlage mit Weiche, Schranke, verschiedene Waggons, Fahrkartendrucker bis zur Modellbahnanlage ihren Wissendurst löschen.

Kontakt: Naendorf 74, 48629 Metelen, www.bahnhofsmuseum.de

‣ Kreatives Bauernstübchen

Im Hause Kirsch kann man altes Metelener Handwerk wie Blaudruck, Holzhandwerk, Spinnen sehen und erleben, es gibt auch ein Café.

Kontakt: Vitustor 1, 48629 Metelen, Maria Dittrich, 02556/510

Freizeit & Natur

‣ Radfahren

Von Metelen aus führen zahlreiche Radwege in die Umgebung und durch das Münsterland sowie in die Niederlande, u. a. die *Vechtetal-Route,* eine vielseitige, 225 km lange überregionale Fahrradroute zwischen Darfeld und Zwolle (NL) und die *Aa-Vechte-Tour,* die auf einem 150 km langen ausgeschilderten Rundkurs durch das Steinfurter Land führt. Vom Fremdenverkehrsamt werden auch die *Rad-Spaß-Tour,* eine „feucht-fröhliche Pättkestour", und die *Hof-zu-Hof-Tour* auf romantischen Bauernwegen angeboten.

Veranstaltungen & Feste

Den **Metelener Fettmarkt** gibt es bereits seit dem 14. Jahrhundert, er war früher ein Vieh- und Krammarkt, der sich bis heute zu einem Handwerker- und Krammarkt entwickelte. Der Markt findet im Oktober rund um den Sendplatz statt.

Plagemann's Mühle beherbergt ein Mühlen- und Sägewerksmuseum

Mettingen

(Kreis Steinfurt)

Die Gemeinde Mettingen (12 100 Einwohner) ist seit 1992 ein staatlich anerkannter Erholungsort im Tecklenburger Land.
Im Jahr 1088 wurde Mettingen in einer Schenkungsurkunde von Bischof Benno II. an das Kloster Iburg zum ersten Mal erwähnt. Die Gemeinde wird auch „Tüöttendorf" genannt, da das Tüöttenwesen im 17./18. Jahrhundert, auch Töddenhandel genannt, historisch bedeutsam für die Region war. Die Tödden oder Tüötten waren wandernde Kaufleute aus Westfalen, die Leinen in die Niederlande, später auch nach ganz Europa verkauften.

Touristeninfo Mettingen
Clemensstraße 2
49497 Mettingen
05452/5213
www.mettingen-tourismus.de

Sehenswertes

Schultenhof
Der Schultenhof, bestehend aus Haupthaus, Speicher, Remise, Scheune und Doppelheuerhaus, ist die Keimzelle der Ortsgeschichte und hat seine Ursprünge im 7. Jahrhundert. In ihm befinden sich ein Museum, Kunstspeicher, Gewerbe, Gastronomie.
Kontakt: Burgstraße 9, 49497 Mettingen, www.schultenhof-mettingen.de

Heimathaus
Das Fachwerkhaus aus dem 17. Jahrhundert wurde bis 1968 genutzt. Der neue Besitzer Franz Brenninkmeyer ließ das Gebäude abbrechen und nach vorhandenen Inventurplänen des 19. Jahrhunderts wiedererrichten.
Adresse: Wieher Eschweg 79, 49497 Mettingen

Evangelische Pfarrkirche
Eine kleine Holzkirche war der Vorgänger einer vermutlich im 11. Jahrhundert aus Stein gebauten Kirche, die heutige spätgotische Kirche stammt aus dem 15. Jahrhundert. Damals war es noch eine katholische Kirche, erst seit 1647 gehört sie der evangelischen Gemeinde. Im Laufe der Jahrhunderte erfuhr sie manche Veränderungen.
Adresse: Clemensstraße 8, 49497 Mettingen

Katholische Pfarrkirche St. Agatha
Die erste katholische Pfarrkirche wurde 1777 fertiggestellt, aufgrund von Platzmangel wurde im 19. Jahrhundert eine neue Kirche danebengebaut. Die neugotische dreischiffige Basilika mit 75 m hohem Turm ist weithin sichtbar.
Adresse: Kardinal-von-Galen-Straße 8, 49497 Mettingen

Museen

Tüöttenmuseum
Im Tüöttenmuseum werden in einem Ensemble aus drei schmucken Fachwerkhäusern Brauchtum, Handwerk und Wohnkultur in alter Zeit anhand von Möbeln und Alltagsgegenständen wieder lebendig. Auch das Leben des Wanderhändlers und Packenträgers bis zum Großhandelskaufmann wird veranschaulicht.
Kontakt: Sunderstraße 2, 49497 Mettingen, 05452/9110

Postmuseum im Schultenhof
Ansichtskarten, Stempel, Schilder, Uniformen, alte Telefone und Briefmarken – alles rund um das Postwesen früher wird hier gezeigt.
Kontakt: Burgstraße 9, 49497 Mettingen

Schulmuseum
Hier erfährt man auf anschauliche Weise, wie im letzten Jahrhundert in den Dorf- und

Bauernschaftschulen, den sogenannten Zwergschulen, unterrichtet wurde.
Kontakt: Burgstraße 9, 🌐 www.schultenhof-mettingen.de

Im Hause Telsemeyer ist das Tüöttenmuseum beheimatet

▸ Mineralogisches und petrologisches Museum
Ursprünglich als Schulsammlung entstand seit den 1970er-Jahren dieses Museum, in dem Mineralien, Gesteine und Fossilien aus der Umgebung gezeigt werden.
Kontakt: Markt 2, 49497 Mettingen

Freizeit & Natur

▸ Wandern & Radfahren
Die Gegend rund um Mettingen lädt zum Wandern und Radfahren ein. Im Süden bieten die mittelgebirgsähnlichen Höhenzüge ein schönes Panorama. Auf dem *Töddenland-Rundwanderweg* (135 km) oder auf den Spazierwegen im Köllbach-, Ölmühlen- und Fahlbachtal.
Im Norden ist die Landschaft flacher und eignet sich daher ideal für Radtouren, z. B. auf den regionalen *Kleeblatt-Touren* sowie den *NaTourismus-Routen* und dem *Töddenland-Radweg,* der sich z. T. am *Töddenland-Rundwanderweg* orientiert.
Informationen: 🌐 www.handelsweg.com, 🌐 www.natourismus-st.de, 🌐 www.toeddenland-radweg.de

Der Schultenhof ist das Domizil des Postmuseums

Veranstaltungen & Feste

In Mettingen finden traditionell die kleine **Frühjahrskirmes** am letzten April-Wochenende und die große **Herbstkirmes** am letzten August-Wochenende auf dem Marktplatz rund um die Agatha-Kirche statt.

Münster

(Kreisfreie Stadt)

Die Bischofs- und Universitätsstadt (308 000 Einwohner) ist nicht nur eine außergewöhnliche Fahrradstadt mit großem Freizeitwert, kulturellem Angebot und hoher Lebensqualität, sondern auch eine Stadt mit langer und bewegter Geschichte: 793 gilt als ihr Gründungsjahr, da ließ Karl d. Große durch den heiligen Liudger, den späteren Bischof von Münster (805–809), ein Kloster bauen, bereits 805 wurde Münster zum Bistum erhoben. Seit dem frühen Mittelalter war Münster Domstadt mit Marktrecht, später auch Residenzstadt. In Münster wurde 1648 der Westfälische Frieden geschlossen. Das Rathaus mit Friedenssaal ist als eine „Stätte des Westfälischen Friedens" zu besichtigen.

Münster-Marketing
Klemensstraße 10
48143 Münster
0251/4922710
www.tourismus.muenster.de

Das Rathaus (rechts) von Münster mit dem charakteristischen Giebel ist das Wahrzeichen der Stadt

Sehenswertes

▸ Historisches Rathaus mit Friedenssaal
Der gotische Bau aus dem 14. Jahrhundert mit seinem charakteristischen Giebel ist eines der Wahrzeichen der Stadt Münster. Im Zeiten Weltkrieg durch Bombenangriffe zerstört, wurde er in den 1950er-Jahren originalgetreu wiederaufgebaut. Im Friedenssaal fanden 1648 die Friedensverhandlungen zur Beendigung des Dreißigjährigen Krieges statt, hier und im Rathaus zu Osnabrück wurde der Westfälische Frieden geschlossen.
Adresse: Prinzipalmarkt 10, 48143 Münster

▸ Prinzipalmarkt
Mit seinen charakteristischen Giebelhäusern und Bogengängen zählt er zu den beliebtesten Plätzen Deutschlands und zeugt noch heute von der Hanse und den alten Kaufmannsfamilien.
Adresse: Prinzipalmarkt, 48143 Münster

▸ St.-Paulus-Dom
Der mächtige Paulusdom, der 1225 bis 1264 in romanisch-gotischer Bauweise errichtet wurde, hatte zwei Vorgängerbauten. Seit 1540 läuft hier eine Astronomische Uhr mit einem Kalender bis ins Jahr 2071. Im Dom befinden sich die Domkammer und die Grabstelle des ehemaligen Bischofs Clemens August Kardinal v. Galen. Auf dem Domplatz findet mittwochs und samstags der große Wochenmarkt statt.
Adresse: Domplatz 28, 48143 Münster

▸ Fürstbischöfliches Schloss
Das barocke und reich verzierte Schloss wurde 1767 bis 1787 als dreiflügelige Anlage errichtet, nach den Zerstörungen im Krieg wurde die Fassade originalgetreu wieder aufgebaut. Die ehemalige fürstbischöfliche Residenz ist heute Teil der Universität.
Adresse: Schlossgarten 3, 48149 Münster

▸ Kiepenkerl
Der Kiepenkerl ist eine Symbolfigur für Münster, er zeigt den typischen münsterländischen wandernden Handelsmann mit Rückentrage (Kiepe), der für den Austausch von Waren und Informationen sorgte.
Adresse: Spiekerhof, 48143 Münster

Museen

▸ Stadtmuseum
Die Stadtgeschichte Münsters steht im Mittelpunkt dieses Museums.
Kontakt: Salzstraße 28, 49143 Münster, ☏ 0251/4924503, 🌐 www.stadt-muenster.de/museum

▸ Kunstmuseum Pablo Picasso Münster
Deutschlands erstes und bisher einziges Picasso-Museum befindet sich in Münster.
Kontakt: Picassoplatz 1, 48143 Münster, ☏ 0251/4144710, 🌐 www.kunstmuseum-picasso.muenster.de

▸ Museum für Lackkunst
Das Museum zeigt Sammlungen von Lackkunst aus der ostasiatischen, der europäischen sowie der islamischen Welt.
Kontakt: Windthorststraße 26, 48143 Münster, ☏ 0251/418510, 🌐 www.museum-fuer-lackkunst.de

▸ LWL-Museum für Kunst und Kultur
Die abendländische Kunst der letzten 1000 Jahre steht hier im Fokus, es ist eines der größten kunst- und kulturgeschichtlichen Museen Westfalens.
Kontakt: Domplatz 10, 48143 Münster, ☏ 0251/590701, 🌐 www.lwl.org

▸ ☺ LWL-Museum für Naturkunde – Westfälisches Landesmuseum mit Planetarium
In diesem großen Naturkundemuseum befinden sich einzigartige Objekte, wie

Das LWL-Museum für Kunst und Kultur ist eines der größten Museen Westfalens

der weltweit größte Ammonit mit 1,80 m Durchmesser, Originale von Schwimmsauriern, ein 12 qm großes „Porträt der Milchstraße" und viele andere naturkundliche Exponate.
Kontakt: Sentruper Straße285, 48161 Münster, 0251/591-6050, www.lwl-naturkundemuseum-muenster.de

Kunsthaus Kannen
Das Kunsthaus ist Bestandteil der Fachklinik für Psychiatrie und Psychotherapie Alexianer Münster GmbH. Es werden Langzeitpatienten, die ihre künstlerische Begabung durch ihre Kreativität zum Ausdruck bringen, gefördert und unterstützt.
Kontakt: Alexianerweg 9, 48163 Münster, 02501/96620000, www.kunsthaus-kannen.de

Mühlenhof-Freilichtmuseum
Der Rundgang durch das Dorf mit z. T. Original-Bauwerken aus dem 16. bis 19. Jahrhundert vermittelt einen Eindruck vom Leben und Arbeiten der Menschen im Münsterland. Handwerke werden vorgeführt, die Gebäude können betreten werden und veranschaulichen, wie es einst zuging.
Kontakt: Verein De Bockwindmüel e. V., Theo-Breider-Weg 1, 48149 Münster, 0251/981200, www.muehlenhof-muenster.org

Freizeit & Natur

Allwetterzoo Münster
Der Allwetterzoo mit seinen vielen Erlebniswelten wie Africaneum, Affenanlage, Elefantenpark, Kinder- und Pferdepark,

Pferdemuseum und zahlreichen Spielplätzen begeistert Jung und Alt.
Kontakt: Sentruper Straße 315, 48161 Münster, ☏ 0251/8904-0, 🌐 www.allwetterzoo.de

▸ ☺ Aasee-Park

Rund um und auf dem Aasee gibt es viele Möglichkeiten, aktiv zu sein, zu entspannen, einzukehren, zu segeln. Naturkundemuseum, Planetarium, Mühlenhof und der Allwetterzoo liegen direkt am Aasee
Informationen: 🌐 www.aaseepark.de

▸ ☺ Bauernolympiade

Mit Freunden, Kollegen oder Familie kann man viel Spaß haben beim Wettmelken, Hufeisenwerfen, Tauziehen, Gummihähnchen-Boule, Traktorfahrten, Ferkelwiegen, Strohballenwettlauf, Stiefelwerfen.
Kontakt: Hof Konermann in Amelsbüren, Kappenberger Damm 340, 48163 Münster, ☏ 0251/784260, 🌐 www.bauernolympiade-muenster.de

▸ Bowling

Cosmo Bowling ist mit 28 Bahnen eine der größten Bowlinganlagen Europas.
Kontakt: Trauttmansdorffstraße 101, 48153 Münster, Telefon: 0251/23908990, 🌐 www.cosmo-bowling-muenster.de

▸ Botanischer Garten

Der Botanische Garten der Westfälischen Wilhelms-Universität im Schlossgarten wurde 1803 gegründet. Er ist eine Oase der Ruhe mitten in der Stadt.
Informationen: 🌐 www.uni-muenster.de

▸ Flugsimulator Münster

Für alle, die wissen möchten, wie ein Passagierflugzeug gesteuert wird und wie man sich als Pilot fühlt, gibt es die Simulatorflüge.
Kontakt: Fun Flight GmbH am Flugplatz Münster-Telgte, Berede 53, 48291 Telgte, ☏ 02504/9879999, 🌐 www.flugsimulator-ms.de

Der Aasee ist ein beliebtes Naherholungs- und Freizeitgelände in der Stadt

Münster lässt sich am besten mit dem Rad erkunden

Kanufahren

Mit dem Kanu auf der Werse: Kanuverleih und Kanutouren kann man in Münster bei verschiedenen Anbietern buchen.

Kontakt:
Canu-Camp (Touren, Kurse, Verleih von Kanus und Fahrrädern), Homannstraße 64, 48167 Münster-Angelmodde, ☏ 02535/95052, 🌐 www.canucam.de
RucksackReisen (Ausflüge, Events, Kanutouren u. -verleih u. v. m.), Pleistermühlenweg 278, 48157 Münster, ☏ 0251/87188-0, 🌐 www.rucksack-reisen.de

Radfahren

Münster gilt als die Fahrradstadt schlechthin und auch die schöne Umgebung ist beliebt bei Radfahrern und hält zahlreiche Radrouten bereit.
Informationen: 🌐 www.muensterland-tourismus.de

Rieselfelder

Im Europareservat für Wat- und Wasservögel gibt es viele Wege zum Spazierengehen, Radfahren, Inlineskaten, so dass die Tiere relativ ungestört leben und brüten können. Von verschiedenen Aussichtspunkten ist die Vogelbeobachtung möglich. Eine Biologische Station bietet Auskünfte und Führungen an.
Adresse: Rieselfelder, 48157 Münster

☺ Schifffahrt

Auf dem Aasee kursiert das Solarschiff Solaaris und bietet Rundfahrten mit Anlegemöglichkeit an, um zu den Attraktionen zu gelangen.
Informationen: 🌐 www.overschmidt.de

☺ Schwarzlicht-Minigolf

Eine Welt aus Farbe und Licht ist die 3-D-Schwarzlicht-Minigolfanlage in Münster-Roxel.

Kontakt: Am Rohrbusch 81, 48161 Münster, 02534/6450308, www.schwarzlicht-semester.de

Schwimmen
Wasserratten können sich in zahlreichen Schwimmbädern in Münster austoben.
Informationen: www.stadt-muenster.de/sportamt/baeder.html

Veranstaltungen & Feste

Der **Jahrmarkt Send** findet dreimal im Jahr statt: als Frühjahrs-, Sommer- und Herbstsend. Es gibt zahlreiche Buden und Fahrgeschäfte sowie ein großes Feuerwerk.
„Helau" heißt es beim großen **Rosenmontagsumzug** vom Schlossplatz über Servatiplatz, Ludgeriplatz und Prinzipalmarkt.
Fünf **Weihnachtsmärkte** laden in Münster in der Vorweihnachtszeit zum Flanieren, Entdecken und Genießen ein: rund um das Rathaus, am Kiepenkerl, auf dem Aegidiimarkt, vor der Lambertikirche am Prinzipalmarkt und an der Überwasserkirche.

Neuenkirchen

(Kreis Steinfurt)

Die Gemeinde Neuenkirchen (13 700 Einwohner) liegt im nördlichen Münsterland und hat mit dem Offlumer See ein beliebtes Naherholungsgebiet „vor der Türe".
Neuenkirchen blickt auf eine 5000 Jahre alte Geschichte zurück, denn rund um den Ort wurden Funde aus dieser Zeit ausgegraben. 1247 wurde der Ort erstmalig urkundlich erwähnt, als der Bischof von Münster Ludolf den Bau einer „neuen Kirche" genehmigte. Wahrzeichen der Stadt ist denn auch eine Kirche, die neuromanische Pfarrkirche St. Anna.

Verkehrsverein Pro Neuenkirchen e.V.
Alphons-Hecking-Platz 1
48485 Neuenkirchen
05973/5454
www.neuenkirchen.de

Sehenswertes

Pfarrkirche St. Anna
Die neoromanische Kirche St. Anna wurde 1896 bis 1899 erbaut und bildet das Wahrzeichen der attraktiven Kleinstadt. Die mit Schmuckelementen dekorierten Außenwände sind für münsterländische Verhältnisse eher untypisch.
Adresse: Friedenstraße 6, 48485 Neuenkirchen

Villa Hecking
Die denkmalgeschützte Villa Hecking mit dem dazugehörigen Park ist über 200 Jahre alt. Früher war sie das Wohnhaus der gleichnamigen Textilfabrikantenfamilie, heute wird sie als Begegnungszentrum genutzt. Der Park lädt zu Spaziergängen ein, hier werden auch Skulpturen des Künstlers Otmar Alt ausgestellt.
Adresse: Alphons-Hecking-Platz 1, 48485 Neuenkirchen

Museum

Heimathaus
Das Heimathaus beherbergt ein Heimatmuseum, in dem altes Handwerk und ländliches Leben zu sehen sind, wie z. B. ein Tante-Emma-Laden und eine Weberei.
Kontakt: Mühlendamm 56, 05973/600554, Erich Krukkert, 05973/4305

Freizeit & Natur

Naherholungsgebiet Offlumer See
Rund um den ursprünglichen Baggersee, ein ehemaliges Kiesabbaugelände, kann man

spazieren gehen und die Flora und Fauna beobachten. Die Trichtertürme bieten einen schönen Ausblick.

▸ Radfahren

Auf der ehemaligen Bahnstrecke von Oberhausen nach Quakenbrück fahren heute keine Züge mehr, dafür aber Fahrräder durch die Münsterländer Parklandschaft. Am Wegesrand erfährt man einiges über die Bahngeschichte. Die *RadBahn Münsterland* ist ein erstklassiger Radweg fast ohne Steigung und verbindet die beiden Städte Coesfeld und Rheine.

Der *Milchradweg* informiert unterdessen rund um das Thema Milch. Er führt auch vorbei am Melkhus auf dem Hof Leifker, wo man verschiedene Milchprodukte probieren kann und Einblick in die Milchviehhaltung bekommt.

Informationen: www.radbahn-muensterland.de, www.kuhlturlandschaft.de

▸ Schwimmen

Das Naturfreibad Neuenkirchen öffnet im Sommer seine Tore für alle Wasserratten.

Kontakt: Wettringer Straße 66, 48485 Neuenkirchen

Veranstaltungen & Feste

Am ersten Sonntag im Mai findet die **Motor Classics Neuenkirchen** statt, hier kann man jede Menge Oldtimer bewundern, dazu gibt es Musik.

Ein **Tag nur für Kinder,** das gibt es am zweiten Samstag im Juni. Hier kann gespielt, getobt, gesungen und gebastelt werden, es gibt auch eine Kinderbühne und ein „Kinderoskar" wird an einen besonders kinderlieben Menschen verliehen.

Die Neuenkirchener **Kirmes** findet am dritten Wochenende im August statt. Und im Oktober gibt es ein **Kürbisfestival.**

Nordkirchen

(Kreis Coesfeld)

Die Schlossgemeinde Nordkirchen (10 100 Einwohner) im südlichen Münsterland ist berühmt für seine imposante barocke Schlossanlage mit Barockgarten, auch das „Westfälische Versailles" genannt. Nordkirchen wird Anfang des 11. Jahrhunderts in einer Urkunde des Bischofs Siegfried von Münster zum ersten Mal erwähnt. Zwischen dem 13. und dem 17. Jahrhundert wurde Nordkirchen von der Familie Morrien verwaltet und gerichtet. Nach dem Aussterben der Morriens ging der Besitz an den Fürstbischof von Münster, Christian von Plettenberg über, der 1708 bis 1734 das barocke Wasserschloss errichten ließ.

Tourist Information Nordkirchen
Schlossstr. 11
59394 Nordkirchen
02596/917500
www.nordkirchen.de

Sehenswertes

▸ Historischer Ortskern

Dunkelrote Ziegelsteine dominieren das Ortsbild von Nordkirchen. Im Ortskern steht die barocke katholische Kirche St. Mauritius von 1715 und die ehemalige Vikarie, ein Fachwerkhaus von 1675. Am Kirchplatz befinden sich außerdem einige historische Gebäude von Johann Conrad Schlaun, wie die ehemalige Küsterei (1733/34), das ehemalige Armenhaus (1730–1733). Auch die ehemalige Rentei und die Johannes von Nepomuk-Kapelle (1722) wurden von Schlaun erbaut.

Das Versaille von Westfalen: die Schlossanlage Nordkirchen aus der Luft

Schloss Nordkirchen

Die barocke Schlossanlage nach französischem Vorbild, auch das „Westfälische Versailles" genannt, entstand 1703 bis 1733. Sie wurde von Gottfried Laurenz Pictorius begonnen und vom bedeutenden Architekten des Barock, Johann Conrad Schlaun, vollendet. Ihre Vorgängerin war eine Wasserburg im 15. Jahrhundert, die im 16. Jahrhundert zur Burganlage mit Dämmen und Wehrtürmen ausgebaut wurde, sie galt als die größte und stärkste im Münsterland und bestand ca. 150 Jahre. In der neobarocken Parkanlage von Schloss Nordkirchen stehen über einhundert Skulpturen.

Adresse: Schloß 1, 59394 Nordkirchen

Freizeit & Natur

Golf

Die 18-Loch-Anlage des Golf- und Landclub Nordkirchen e. V. liegt im Herzen des Münsterlandes und ist hier der drittälteste Club.

Kontakt: Am Golfplatz 6, 59394 Nordkirchen, 02596/9190, www.glc-nordkirchen.de

Konifez

Bei diesem lustigen Wurfspiel für draußen müssen die Spieler mit „konifez"-Wurfsäckchen auf ein Loch in einem Holzspielbrett zielen. Konifez können gegen Pfand in der Tourist Information ausgeliehen werden.

Kontakt: Tourist Information, 02596/917-500

Das Barockschloss trägt architektonisch die Handschrift von Johann Conrad Schlaun

▸ Planwagenfahrten
Rundfahrten mit dem Planwagen durch die Münsterländer Parklandschaft können über die Tourist Information gebucht werden.
Kontakt: Tourist-Information, 02596/917-500

▸ Radfahren
Zahlreiche Radwege führen durch Nordkirchen, so auch die *100 Schlösser Route* und die *Burg & Schloss Tour.* Außerdem eignen sich acht *Nordkirchener Pättkestouren* für Tagestouren mit dem Rad.
Informationen: www.100schloesserroute.de

▸ Sinnesgarten
Auf dem Gelände der Kinderheilstätte gibt es einen Sinnes- und Spielgarten sowie einen Streichelzoo.

Adresse: Mauritiusplatz 6, 59394 Nordkirchen

▸ Wandern
Auf der *Schlösserachse* zwischen dem Schloss Nordkirchen und dem Schloss Westerwinkel lässt es sich in abwechslungsreicher Natur- und Kulturlandschaft herrlich wandern.
Informationen: www.schloesserachse.de

Veranstaltungen & Feste

Beim festlichen **Musikfest Schloss Nordkirchen** vor atemberaubender Kulisse des Barockschlosses treten im Sommer internationale Stars der Extraklasse auf.
Im Ortskern von Nordkirchen gibt es im Oktober einen **Herbstmarkt.**

Nordwalde

(Kreis Steinfurt)

Die Gemeinde Nordwalde (9700 Einwohner) liegt in der Münsterländer Parklandschaft zwischen Münster und Steinfurt und unweit der niederländischen Grenze. Der Ort setzt sich aus dem früheren Kirchspiel Nordwalde und den Bauerschaften Kirchbauerschaft, Feldbauerschaft, Suttorf, Westerode und Scheddebrock zusammen. Der Name „Northwalde" taucht 1151 erstmalig in einer Urkunde des Bischofs Werner von Münster auf. Alte Herrensitze zeugen noch heute von der Entstehung und Besiedlung Nordwaldes.

Gemeinde Nordwalde
Bahnhofstraße 2
48356 Nordwalde
02573/9290
www.nordwalde.de

Sehenswertes

Barockorgel der Kirche St. Dionysius
Die Barockorgel von Mencke/Bensmann gilt als Kleinod und Rarität westfälisch-norddeutscher Orgelbaukunst.
Adresse: Kirchstraße, 48356 Nordwalde

Bispinghof
Der Bispinghof (= Hof des Bischofs) ist ein Gräftenhof und gilt als die Keimzelle von Nordwalde. Er wird für kulturelle Veranstaltungen genutzt.
Kontakt: Bispingallee, 48356 Nordwalde, www.bispinghof.de

Pröbstinghof
Der sächsische Haupthof wurde 1265 erstmals urkundlich erwähnt. Es war der Hof des Dompropstes zu Münster. Auf seinem Grund stehen die Pfarrkirche und der Dorfkern. Erhalten ist heute nur noch der mittelalterliche Speicher.

Rittergut Haus Althaus
Das ehemalige Rittergut war früher durch Gräften geschützt, ein großes Steinhaus wurde Mitte des 18. Jahrhunderts abgerissen und war der Vorgängerbau des jetzigen Herrenhauses, das sich seit 1875 im Besitz des Fürsten zu Bentheim-Steinfurt befindet.
Adresse: Westerode 3, 48356 Nordwalde

Schäferei Reckfort
Die Hofanlage der Schäferei ist ca. 400 Jahre alt und steht unter Denkmalschutz. Hier gibt es Schafe, Lammfell- und Wollprodukte und einen Hofladen.
Kontakt: Westerode 33, 48356 Nordwalde, 02573/3936, www.schaeferei-reckfort.de

Museum

Heimatmuseum
Hier erlebt man die Stadtgeschichte von Nordwalde hautnah.
Kontakt: Amtmann-Daniel-Straße, 48356 Nordwalde, www.heimatverein-nordwalde.de

Freizeit & Natur

Reiten
In und um Nordwalde gibt es zahlreiche Hofanlagen, ob klassisch, englisch, isländisch, Western, es ist für jeden was dabei. Auch gibt es einen *Integrativen Reitweg* durch das Steinfurter Land.
Kontakt:
Reit- u. Fahrverein Nordwalde e. V., Bahnhofstraße, 48356 Nordwalde, 02573/1220
Reiterhof Rohmann, Westerode 41, 48356 Nordwalde, 02573/552
Reitschule Simone Linkies, Suttorf 11, 48356 Nordwalde, 0174/1695641, www.simonelinkies.jimdo.com

Veranstaltungen & Feste

In Nordwalde sind zahlreiche Schützenvereine aktiv, die **Schützenfestsaison** beginnt am ersten Maiwochenende und reicht bis in den August.
Am Samstag vor dem ersten Oktobersonntag wird die **Nordwalder Herbstkirmes** offiziell auf der Rathaustreppe eröffnet, dort werden Lebkuchenherzen an die Kinder verteilt. Das Kirmesgeschehen findet rund um die St.-Dionysius-Kirche statt.

Nottuln

(Kreis Coesfeld)

Die Gemeinde Nottuln (19 900 Einwohner) liegt am Südwestrand der Baumberge. Die Baumberge sind seit über 1000 Jahren Abbaugebiet für den berühmten Baumberger Sandstein und heute eine abwechslungsreiche Kulturlandschaft mit vielen Rad-, Wander- und Reitwegen, Schlössern und Burgen. Nottuln wurde auf dem Gelände eines ehemaligen Damenstifts nach einem Brand 1748 vom Barockarchitekten Johann Conrad Schlaun wieder aufgebaut, die sehenswerte historische Altstadt zeugt davon.

Baumberge-Touristik Nottuln
Stiftsplatz 8
48301 Nottuln
02502/9420, 02502/942224
www.nottuln.de

Sehenswertes

Historische Altstadt
Der sehenswerte historische Ortskern wurde nach einem Brand 1748 durch den Architekten des Barock, Johann Conrad Schlaun, wiederaufgebaut. Dabei wurde der Baumberger Sandstein eingesetzt.

Spätgotische Hallenkirche St. Martin
Die Pfarrkirche und ehemalige Stiftskirche gilt neben der Lamberti-Kirche in Münster als die bedeutendste und schönste spätgotische Hallenkirche Westfalens.
Adresse: Kirchplatz 2, 48301 Nottuln

Wassermühle Hof Schulze Westerath
In Stevern bei Nottuln steht die spätmittelalterliche ehemalige Doppelmühle, mit der sowohl Öl geschlagen als auch bis 1974 Korn gemahlen wurden. Der frühere Wohnturm von 1538 ist noch erhalten und kann von außen und nach Absprache auch von innen besichtigt werden.
Kontakt: Förderkreis Wassermühle Schulze Westerath e. V., Stevern 37, 48301 Nottuln, 02502/9261, wassermuehle-stevertal.de

Longinusturm
Auf dem Westerberg steht der 32 m hohe Longinusturm (erbaut 1897–1901). Er besteht aus dem Baumberger Sandstein.
Kontakt: Baumberg 45, 48301 Nottuln, www.longinusturm.de

Museum

Blaudruckerei Kentrup
Sehr spannend ist der Besuch in der ältesten Blaudruckerei Nordrhein-Westfalens, die in der siebten Generation von Familie Kentrup geführt wird. Die Technik des Blaudrucks stammt aus dem 17. Jahrhundert aus Indien, ebenso wie die meisten Motive und Muster, die heute noch auf die Naturfaser gedruckt werden. Man kann die Blaudruckerei besichtigen, es gibt einen Shop und ein Café.
Kontakt: Kirchplatz 8, 48301 Nottuln, 02502/9347, www.kentrup.eu

Vom Longinusturm hat man einen herrlichen Rundumblick

Freizeit & Natur

‣ Bildhauerkurse
Der blassgelbe Sandstein ist bei Bildhauern sehr beliebt. Mit Knüpfel, Meißel und Stemmeisen kann man sich in Bildhauerei ausprobieren. ARTelier bietet Schnupperkurse und auch Führungen durch den Steinbruch an.
Informationen: www.sandsteinakademie.de

‣ Radfahren
Das gut ausgebaute Radwegenetz führt nicht nur durch die Baumberge-Region, sondern ist auch mit der *100 Schlösser Route* oder der *Sandstein-Route* verbunden.
Informationen: www.100schloesserroute.de

‣ Schwimmen
Das Wellenfreibad mit Beachvolleyballfeld und Matschanlage lädt im Sommer zur Abkühlung ein. In der kühleren Jahreszeit steht das Hallenbad allen Schwimmern offen.
Kontakt: Rudolf-Harbig-Straße 16, 48301 Nottuln, 02502/6339

‣ Segway
Mit dem Segway-Roller kann man eine Tour zu den Sehenswürdigkeiten der Baumberge-Region unternehmen.
Informationen: www.easyway.baumberge.net

‣ Wandern & Pilgern
Für Wanderer bietet sich neben den vielen lokalen Rundwegen der 30 km lange *Baumberger Ludgerusweg* an.

Der überregionale *Westfälische Jakobsweg* führt durch die Gemeinde Nottuln von Münster nach Coesfeld. Den Pilgerstempel gibt es in der Baumberge-Touristik Nottuln oder im Pfarrbüro St. Martin.
Informationen: 🌐 www.ludgerusweg.de, 🌐 www.jakobspilger.lwl.org

Veranstaltungen & Feste

Das **Frühlingsfest mit Stiftslauf** bildet Anfang Mai den Auftakt der Saison.
Bei der **Daruper Landpartie** im August verwandelt sich Darup in ein Künstlerdorf.
Am zweiten Septemberwochenende gibt es die **Septemberkirmes.**
Alljährlich am ersten oder zweiten Wochenende im November findet drei Tage lang seit 1622 in Nottuln der traditionelle **Martini-Markt** statt, eine Mischung aus Kirmes, Kram- und Kunsthandwerkermarkt.

Ochtrup

(Kreis Steinfurt)

Ochtrup (19 600 Einwohner) in der Münsterländer Parklandschaft und in Nachbarschaft zu den Niederlanden ist eine Töpfer- und Textilstadt mit Tradition. In einer Stiftsurkunde des Klosters Clarholz wurde der Name „Ohtepe" zum ersten Mal 1143 erwähnt. Archäologische Funde deuten auf eine Besiedlung schon in der Jungsteinzeit hin. Aus dieser Zeit stammen auch vorgefundene Tongefäße (Urnen). Die „Pottbäckerei", das Töpferhandwerk, hat also eine sehr lange Tradition. Im 17./18. Jahrhundert gab es in fast jedem Haus eine Töpferei. Im 19. Jahrhundert hielt mit der Baumwollweberei das Textilhandwerk Einzug.

Veranstaltungs- und Werbegemeinschaft Ochtrup e. V.
Töpferstraße 2
48607 Ochtrup
☎ 02553/98180
🌐 www.vwo-ochtrup.de

Sehenswertes

▸ Bergwindmühle

Die Ochtruper Bergwindmühle ist eine der letzten Mühlen vom Typ Wallholländer in Westfalen und noch in Betrieb. Sie kann besichtigt werden. Die Mühle ist seit 1889 in Besitz der Familie Nobbenhuis, die dort eine Gaststätte betreibt.
Kontakt: Gaststätte „Zur alten Mühle", Christel und Hermann Nobbenhuis, Turmstraße 24, 48607 Ochtrup, ☎ 02553/6623, 🌐 www.windmuehle-nobbenhuis.de

▸ Stift Langenhorst

Die doppeltürmige Stiftskirche mit den Stiftsgebäuden prägt das Ortsbild von Ochtrup. Der Stiftsbezirk mit Kirche war Nachfolger der Wasserburg der Grafen von Wettringen. 1178 wurde dort ein Augustinerinnenkloster gegründet, Unterkunft für die Klostergemeinschaft war die Burg Langenhorst. 1567 wurde das Kloster in ein freiweltliches, adliges Stift umgewandelt, 50 Jahre später aber wieder rekatholisiert. 1811 wurde es unter Napoleon säkularisiert.
Kontakt: Hauptstraße 48607 Ochtrup, ☎ 02553/80854; Führungen und Besichtigung der Stiftskammer nach Voranmeldung im Pfarrbüro, ☎ 02553/98035

▸ Wasserburg Haus Welbergen

Erbaut zwischen 1180 und 1225/30 und umgeben von einer geometrischen Gartenanlage, gilt die Wasserburg als Musterbeispiel eines mittelgroßen Adelssitzes im Münsterland. Die erstmalige urkundliche

Erwähnung der Herren von Welbergen datiert von 1282. Die Wasserburg Haus Welbergen besteht aus Vor- und Hauptburg und ist von einem Gräftenring umgeben. Eine angegliederte Mühle (1625–1632) diente erst als Ölmühle, dann als Papiermühle und schließlich als Mahlmühle. Eine Stiftung kümmert sich um den Erhalt der Burg. Die Gartenanlage ist tagsüber jederzeit zugänglich. Führungen durch die Burg sind möglich.
Kontakt: Bökerhook 5, 48607 Ochtrup, Bertha Jordaan-van Heek Stiftung, Bertha Jordaan-van-Heek-Straße, 48607 Ochtrup, ☏ 02553/8148

▸ Villa Winkel
Die 1899 im Stil des Historismus erbaute Villa war Wohnsitz des Textilindustriellen Anton Laurenz, sie ist umgeben von einer schönen Parkanlage.
Adresse: Winkelstraße 1, 48607 Ochtrup

Museen

▸ Töpfereimuseum
Im Töpfereimuseum, einem Wohnhaus der Töpferfamilie Eiling von 1678, kann man sich über die Töpfertradition und das Töpferhandwerk seit dem 14./15. Jahrhundert in Ochtrup informieren.
Kontakt: Töpferstraße 10, 48607 Ochtrup, ☏ 02553/80854

▸ ☺ Puppenmuseum und Spielzeugmuseum e. V.
Das kleine Museum stellt zahlreiche Celluloid-Puppen u. a. der Marken Schildkröt, Minerva, Cellba sowie alte Spielzeuge wie Kaufläden und Puppenstuben der 1950er-Jahre aus. Es gibt sogar eine Puppenklinik.
Kontakt: Betty Schürmann, Gronauer Straße 57, ☏ 02553/2465, www.puppen-museum-ochtrup.de

Die doppeltürmige Stiftskirche prägt das Ortsbild von Ochtrup

Freizeit & Natur

Minigolf & Boule

Mitten im Stadtpark lädt die Minigolfanlage mit 18 Bahnen in den Sommermonaten zum Spielen ein. Direkt daneben gibt es eine Boulebahn, eine weitere befindet sich im Stadtteil Langenhorst beim Landgasthof Althoff.

Kontakt: Stadtpark, 48607 Ochtrup

Radfahren

In Ochtrup und Umgebung verlaufen viele Radrouten wie die *100 Schlösser Route*, die *Aa-Vechte-Route*, die *Vechtetalroute* und die *Ochtruper Fietsentouren*, die durch schöne Landschaften und zu Sehenswürdigkeiten führen, wie dem Wasserschloss Haus Welbergen oder der Villa Winkel.

Informationen: www.100schloesserroute.de

Schwimmen

Das Bergfreibad Ochtrup bietet im Sommer Spaß für die ganze Familie.

Kontakt: Am Freibad 3, 48607 Ochtrup, 02553/71-0, www.stadtwerke-ochtrup.de

Der Wallholländer ist noch in Betrieb

Im Töpfereimuseum dreht sich alles um das alte Töpferhandwerk

▸ Shopping
Der McArthurGlen Designer Outlet lädt alle Schnäppchenjäger im architektonisch eindrucksvollen Beltmann-Bau des ehemaligen Textilunternehmens Gebr. Laurenz und dem Böhm'schen Rundbau zum Shoppen ein. **Kontakt:** Laurenzstraße 51–55, 48607 Ochtrup, 02553/97300, www.mcarthurglen.com

▸ Wandern
Über verschiedene Hauptwanderwege kann man um und durch Ochtrup und dessen Stadtteile wandern: z. B. über die Hauptwanderwege *X 7* (Gronau – Riesenbeck) und *X 12* (Bad Bentheim – Dülmen) des Westfälischen Heimatbundes.

Veranstaltungen & Feste

Der **Rosenmontagsumzug**, die **Frühjahrskirmes** am letzten Wochenende im April und die **Herbstkirmes** am dritten Sonntag im August bieten Spaß und Unterhaltung.
Am **Leinewebersonntag** (September) steht die Ochtruper Textilgeschichte im Mittelpunkt, Textilhandwerk und altes Handwerk wie Weben, Klöppeln, Nähen, Stricken, Filzen werden vorgeführt und es gibt regionale Verkaufsstände.

Oelde

(Kreis Warendorf)

Die Stadt Oelde (30 000 Einwohner) im Herzen Westfalens besteht aus den Stadtteilen Oelde, Lette, Stromberg und Sünninghausen. Oelde blickt auf eine über 1100-jährige Geschichte zurück. Lettes Ursprung geht auf das Kloster Lette-Clarholz im 12. Jahrhundert zurück. Stromberg ist eine alte Titularstadt und ein viel besuchter Ausflugsort für Wallfahrer. Sünninghausen wurde 890 erstmalig erwähnt.

Tourist-Information Oelde
Herrenstraße 9
59302 Oelde
02522/72800, 02522/72815
www.oelde.de

Sehenswertes

Wasserschloss Haus Geist
Das Wasserschloss wurde zwischen 1560 und 1568 im Stil der Lipperenaissance und des Barock erbaut. Teile der Gräben wurden im 19. Jahrhundert aufgefüllt. Auch erhebliche Teile der Bauten wurden abgebrochen.
Adresse: Haus-Geist-Weg, 59302 Oelde

St. Johannes der Täufer
Die katholische Pfarrkirche ist eine der ältesten der Diözese. Teile stammen noch von der Hallenkirche des 14. Jahrhunderts, die 1457 abbrannte.
Adresse: Eickhoff 1, 59302 Oelde

Kreuzkirche Stromberg
Die 1344 geweihte Kreuzkirche auf dem Gelände der Burgruine der Burg Stromberg gilt als einer der bedeutsamsten Bauten der Hochgotik Westfalens. Sie ist wegen des in ihr aufbewahrten Kruzifixes eine Wallfahrtskirche. Mehrfach wurde das heilige Kreuz geraubt und beschädigt, ist aber immer wieder zurückgekehrt und bildet das Herzstück der 800-jährigen Stromberger Wallfahrt.
Adresse: 59302 Oelde-Stromberg

Museen

Georg-Lechner-Biermuseum
Hier dreht sich alles um die Brautradition und man erfährt, wie der Gerstensaft heute entsteht, anschließende Kostprobe inbegriffen. Auch der Fasskeller der Kornbrennerei Schwarze kann besichtigt werden.
Kontakt: Potts Naturparkbrauerei, In der Geist 120, 02522/93320, www.potts.de

Kindermuseum Klipp Klapp
Im Kindermuseum Klipp Klapp im Vier-Jahreszeiten-Park gibt es Vieles zu entdecken, zu lernen, auszuprobieren, mitzumachen: Rund um die Wassermühle gibt es vier Themenwelten: Mühle, Wetterausstellung, Wasserlandschaft, Gläserne Küche.
Kontakt: Vier-Jahreszeiten-Park, Konrad-Adenauer-Allee 20, 59302 Oelde, 02522/72-822

Museum für Westfälische Literatur
Im ehemaligen Rittergut Haus Nottbeck steht die Literaturgeschichte der Region im Mittelpunkt. Auch vielfältige kulturelle Angebote, kreative Aktivitäten, Konzerte und Theater finden hier statt.
Kontakt: Kulturgut Haus Nottbeck, Landrat-Predeick-Allee 1, 59302 Oelde-Stromberg, 02529/949457, www.kulturgut-nottbeck.de

Leica Museum
In der Leica Galerie NRW, die Lars Beseuker führt, gibt es wechselnde Ausstellungen zu zeitgenössischer Fotografie in einzigartiger

Architektur, denn die Galerie versteht sich als Hommage an Mies van der Rohes Barcelona-Pavillon der Weltausstellung 1929.
Kontakt: Mies-van-der-Rohe-Weg 1, 59302 Oelde, 0176/64947982, www.leica-galerie.nrw

Deutsches Zentrifugen Museum®
Anhand von mehr als 100 Exponaten vom Butterfass bis zur Hightech-Zentrifuge kann man die technische Entwicklung der Zentrifugen vom 17. Jahrhundert bis zur Gegenwart verfolgen.
Kontakt: GEA Westfalia Separator Group GmbH, Werner-Habig-Straße 1, 59302 Oelde, 02522/77-0, www.deutsches-zentrifugen-museum.com

Freizeit & Natur

Burgbühne Höhenburg Stromberg
In der einzigen Freilichtbühne im Kreis Warendorf wird seit 90 Jahren auf den Stufen der Wallfahrtskirche Heilig Kreuz in Stromberg in den Sommermonaten unter freiem Himmel Theater gespielt.
Kontakt: Freilichtspiele Burgbühne e.V., Burgstraße 5, 59302 Oelde-Stromberg, 02529/948484, www.burgbuehne.de

Gesaris Brunnenkino
Die Faszination Wasser lässt sich eindrucksvoll in der Wasserinstallation kombiniert mit Musik, Licht und Bildern erfahren.
Kontakt: Potts Naturparkbrauerei, In der Geist 120, 02522/93320, www.potts.de

Radfahren
Landschaft und Kultur in der Umgebung Oeldes im Kreis Warendorf können auf Radtouren, insbesondere Themenrouten, erkundet werden: Der *Werse Rad Weg* verläuft auf 122 km meist entlang der Werse, die *100 Schlösser Route* führt durch das grüne Münsterland zu mittelalterlichen Wasserburgen, die *LandesGartenSchau-Route* quer durch das Kulturland Westfalen verbindet sechs kunstvoll angelegte Parkanlagen.
Informationen: www.werseradweg.de, www.100schloesserroute.de, www.lgs-route.de

Der Vier-Jahreszeiten-Park in stimmungsvolles Licht getaucht

▸ Schwimmen
In Oelde gibt es drei Schwimmbäder zum Baden und Schwimmen drinnen wie draußen.
Kontakt:
Freibad Stromberg im Graßbachtal, Am Hang 20, Oelde-Stromberg, 02529/477,
www.freibad-gassbachtal-stromberg.de
Hallenbad Oelde, Weitkampweg 1,
02522/72740
Parkbad Oelde, Zum Mühlenteich 16,
02522/72740

▸ Wandern
Der *Pflaumenwanderweg* in Stromberg zeigt auf 12,8 km Geschichte, Anbau, Ernte und Weiterverarbeitung der Stromberger Pflaume. Der *Rundwanderweg Stromberg* führt zur Höhenburg und zu weiteren Sehenswürdigkeiten rund um den Stromberg. Auf dem *Pfad rund um die Landwirtschaft* vermitteln 18 Schautafeln Wissenswertes und Unterhaltsames.

▸ Vier-Jahreszeiten-Park
Hier gibt es alles, was Kinderherzen höher schlagen lässt: eine Spielburg mit Matschspielplatz, einen Waldspielplatz, einen Niedrigseilgarten, eine Floßfähre, eine Erlebnisfarm und ein Schwimmbad.
Kontakt: Konrad-Adenauer-Allee 20, 59302 Oelde, 02522/72820

Veranstaltungen & Feste

Jedes Jahr wird an Pfingstsonntag und Pfingstmontag um gemeinsam aufgestellte Pfingstbäume getanzt, der sogenannte **Tanz um den Pfingstenkranz.**
Die **Margaretenkirmes** hat eine jahrhundertelange Tradition. Sie wird immer am dritten Wochenende im Juli gefeiert.
Im November treten beim **Kneipenfestival „Oelde Live"** Bands in verschiedenen Kneipen auf.

Olfen

(Kreis Coesfeld)

Die Kleinstadt Olfen (12 500 Einwohner) mit Stever, Lippe und dem Dortmund-Ems-Kanal von Wasser umgeben, bildet das Tor zum Münsterland. Dass Wasser in dieser Kleinstadt ein prägendes Element ist, davon zeugen nicht nur die historischen Bauwerke wie Wasserschloss, Mühle und Brückenbauten, sondern auch die Naturschutzgebiete Steveraue und Lippeaue. Der Name Olfen geht übrigens auf das Jahr 889 zurück, als Bischof Wolfhelm vom Oberhof Ulfloa seinen Besitz dem Kloster Werden schenkte.

Tourismus- und Bürgerbüro
Kirchstraße 5
59399 Olfen
02595/389-0
www.olfen.de

Sehenswertes

▸ Schloss Sandfort
Schloss Sandfort wurde erstmals im 13. Jahrhundert erwähnt, es war ursprünglich eine umwallte Wasseranlage. Das Herrenhaus stammt aus dem 17. oder 18. Jahrhundert. Die Burg befindet sich in Vinnum und ist im Besitz der Grafen Hagen-Plettenberg. Eine Besichtigung ist nur von außen möglich.
Adresse: Schloß Sandfort 1, 59399 Olfen-Vinnum

▸ Füchtelner Mühle
Die ehemalige Wassermühle (1301–1306), erbaut von Fürstbischof Otto III., Graf von Rietberg, gehörte zur Wasserburg Haus Füchteln und wurde als Sägemühle genutzt.
Adresse: Kökelsumer Straße, 59399 Olfen

Floßfahrten auf der Stever sind beliebt

Brückenbauten

An der „Alten Fahrt", einem stillgelegten Abschnitt des Dortmund-Ems-Kanals, sind drei sehenswerte Brückenbauwerke erhalten geblieben: die Kanalbrücke Alte Fahrt (um 1895), die den Kanal im Bereich Lemhegge über die Lippe führt, die Schiefe Brücke (1897), die ihn über die Oststraße leitet, und die Dreibogenbrücke (1894), die die Alte Fahrt über den Fluss Stever führt.

Ein ganz besonderes Schwimmbad, das Naturbad Olfen

Freizeit & Natur

▸ Floßfahrten
Eine Floßfahrt auf der Stever durch die einmalige Natur der Steveraue kann von Mai bis September privat als Gruppe gebucht werden. Auch öffentliche Fahrten für Einzelpersonen werden angeboten.
Kontakt: Tourismus- und Bürgerbüro, ☏ 02595/3890

▸ ☺ Naturschutzgebiet Steverauen
Das Naturschutzgebiet Steverauen kann man per Rad oder zu Fuß entdecken, vorbei an Wasserwegen, Baudenkmälern und Tieren wie Heckrindern, Konikpferden und Poitou-Esel. Auch Kräuterführungen durch die Steverauen werden angeboten.
Kontakt: Tourismus- und Bürgerbüro, ☏ 02595/3890

▸ Radfahren
Radtouren entlang der *100 Schlösser Route,* der *Römer-Lippe-Route,* der *Burg und Schloss Tour* vorbei an Schlössern und Burgen oder durch den Naturpark Hohe Mark – rund um Olfen gibt es viele Rundwege für Radfahrer.
Informationen: 🌐 www.100schloesserroute.de, 🌐 www.roemerlipperoute.de

▸ ☺ Schwimmen
Im Naturbad Olfen steht die Natürlichkeit beim Baden und Sonnen im Vordergrund: ob Schwimmbecken, Sandstrand, Wasserfälle, Geysire, Rutsche, Hüpfkissen und Matschplatz – es bleiben keine Wünsche offen.
Kontakt: Alleeweg 4, 59399 Olfen, ☏ 02595/389700

Veranstaltungen & Feste

In Olfen gibt es zahlreiche Feste und Feiern: den **Karnevalsumzug,** im Sommer das **Hafenfest,** das **Steverauenfest,** die **SummerSpecials,** den **Olfener Frühling** sowie das **Oktoberfest.**

Ostbevern

(Kreis Warendorf)

Die Gemeinde Ostbevern (10 900 Einwohner) mit den Ortsteilen Ostbevern und Brock liegt im Nordosten des Münsterlandes, umgeben von Waldgebieten und Parklandschaften. 1088 wurde der Ort erstmals urkundlich erwähnt. Seit Jahrhunderten prägen die Landwirtschaft und das Handwerk, z. B. die Holzschuhmacherei, das Dorfleben.

Ostbevern Touristik e. V.
Hauptstraße 24
48346 Ostbevern
☏ 02532/8210, 02532/8211
🌐 www.ostbevern-touristik.de

Sehenswertes

▸ Schloss Loburg
Haus Loburg tauchte 1294 zum ersten Mal in einer Urkunde auf. Der einstmalige Bauernhof wurde 1412 zum Rittergut umgebaut und schließlich 1760 zum Schloss, dessen barocker Charakter auf den Architekten Johann Conrad Schlaun zurückgeht. Früher war die Anlage von Gräften umgeben, sie wurden zugeschüttet. Erhalten ist der Schlosspark mit Rhododendren und Douglasien. Während das Schlossgebäude Domizil einer Schule ist und nicht besichtigt werden kann, kann der Park nach Voranmeldung besucht werden.
Adresse: Loburg 15, 48346 Ostbevern

▸ Pfarrkirche St. Ambrosius
In der großen dreischiffigen Hallenkirche verschmelzen verschiedene Bauepochen. Der untere Teil des Kirchturms stammt von der ersten Pfarrkirche Ostbeverns aus dem 12. Jahrhundert. Der gotische Saal mit Chor entstand Anfang des 16. Jahrhunderts. Der

Kirchturm wurde 1886 auf 60 m aufgestockt, gleichzeitig wurde die Kirche erweitert. 1960 bis 1962 wurde noch ein neuer Kirchenraum angebaut.
Adresse: Hauptstraße 13, 48346 Ostbevern

▸ Altes Pastorat
Das sehenswerte eingeschossige Fachwerkhaus aus dem Jahr 1640 bildet mit der Pfarrkirche den Mittelpunkt des Dorfes, es beherbergte früher das Pastorat und heute eine Altentagesstätte.
Adresse: Hauptstraße 13, 48346 Ostbevern

▸ Kock's Mühle
Die ehemalige Kornmühle an der Bever stammt aus dem späten 18. Jahrhundert. Sie wurde in den 1960er-Jahren von Familie Kock gekauft und wird privat bewohnt.
Adresse: Mühlenweg 20, 48346 Ostbevern

Museen

▸ ☺ Kutschenmuseum „Kock's Kutschen & Karren"
In einem Nebengebäude von Kock's Mühle hat der Mühlenbesitzer eine Sammlung von Kutschen, Karren und historischen Raritäten zusammengetragen, die nach Voranmeldung besichtigt werden können.
Kontakt: Familie Kock, Mühlenweg 20, 49346 Ostbevern ✆ 02532/7666 o. 1578

▸ Museum der historischen Waschtechnik
Vom Waschbrett bis zur Kaltmangel wird hier anhand von über 5000 Ausstellungsstücken die mühevolle Arbeit des Wäschewaschens zu Großmutters Zeiten anschaulich gezeigt.
Kontakt: Schmedehausener Straße 6, 48346 Ostbevern-Brock

▸ Heimathaus Ostbevern
Im Geburtshaus des Bischofs Johannes Poggenburg von Münster (1862–1933), einem Fachwerkhaus aus dem 19. Jahrhundert, hat heute der Heimatverein Ostbevern sein Domizil und betreibt hier eine kleine Ausstellung über handwerkliches und bäuerliches Brauchtum der Region.
Kontakt: Lienener Damm 28 a, 48346 Ostbevern, 🌐 www.heimatvereinostbevern.de

Freizeit & Natur

▸ ☺ Beverland
Das Resort vereinigt Hotel, Bauernhof und Outdoorcenter und bietet für Gruppen Aktivitäten wie Bosseltouren, Bauerngolf, PoolBall®, Riesentandemfahrten, Planwagenfahrten, Kanutouren, Trikeralley, Geo-Caching, Eisstockschießen u. v. m. an.
Kontakt: Beverlandplatz 1, 48346 Ostbevern, ✆ 02532/9568-10, 🌐 www.beverland-resort.de

▸ Radfahren
Radelspaß, reizvolle Landschaft und schöne Aussichten bieten die fünf *Biberrouten,* diese Radwanderwege der Gemeinde Ostbevern haben eine Länge zwischen 18 und 25 km. Auch findet man in Ostbevern Anschluss an die überregionalen Radrouten, die *100 Schlösser Route,* die *Friedensroute* von Osnabrück nach Münster auf historischen Wegen der Postkuriere von 1648 und die *Grenzgängerroute Teuto-Ems* durch Münsterländer Parklandschaft, Osnabrücker Land und Ostwestfalen.
Informationen: 🌐 www.100schloesserroute.de, 🌐 www.friedensroute.de, 🌐 www.grenzgaengerroute.de

▸ ☺ Reiten
Die *Warendorfer Reitroute* führt auf 200 km durch die Münsterländer Parklandschaft. Es gibt sieben kleine Rundkurse und einen großen von 130 km, die miteinander kombinierbar sind, mit vielen Rast- und Reitstationen am Weg. Der Rundkurs Ostbevern-Telgte ist 49 km lang.

Kontakt:
Reiterhof Haverkamp, Familie Haverkamp, Schlichtenfelde 3, 48346 Ostbevern, ☏ 02532/8035, 🌐 www.reiterhof-haverkamp.de
Ferienhof Haselheide, Bernd Gerbert, Haselheide 2, 48346 Ostbevern, ☏ 02532/7307, 🌐 www.fewo-haselheide.de
GehöftOase Haverkamp, Loburg 39, 48346 Ostbevern, ☏ 02532/959550, 🌐 www.gehoeftoase.de

▸ Schwimmen
Das kombinierte Hallen- und Freibad Beverbad ist ganzjährig für Schwimmer und Badefreunde jeden Alters geöffnet.
Kontakt: Hanfgarten 22, 48346 Ostbevern, ☏ 02532/1833

Veranstaltungen & Feste

Die **Frühjahrskirmes** mit Schaustellern und Buden findet in Ostbevern im April statt. Der **Kastaniensonntag** im November ist eine Mischung aus privatem Flohmarkt, Angeboten und Ständen von Einzelhändlern und Rahmenprogramm.

Raesfeld

(Kreis Borken)

Die Gemeinde Raesfeld (11 300 Einwohner) mit den Ortsteilen Raesfeld, Erle, Homer, Overbeck liegt mitten im Naturpark Hohe Mark – Westmünsterland und bildet das Tor des Münsterlandes zum Rheinland. In Raesfeld entspringt die Issel, die Deutschland mit den Niederlanden verbindet und im Ijsselmeer mündet. Raesfeld taucht als „Hrotusfeld" (gerodetes Feld) erstmalig 889 in einer Urkunde auf.

Tourist-Info im Naturparkhaus Tiergarten Schloss Raesfeld
Tiergarten 1
46348 Raesfeld
☏ 02865/60910
🌐 www.raesfeld.de

Sehenswertes

▸ Schloss Raesfeld
Das imposante Wasserschloss Raesfeld mit Vorburg und Hauptburg sowie Schlosskapelle stammt aus dem 14. bis 17. Jahrhundert und liegt inmitten der Münsterländer Parklandschaft. Mit 52,5 m hat es den höchsten Turm aller Schlösser in Westfalen. In der Burg ist heute die Akademie des Handwerks beheimatet. Führungen sind möglich.
Adresse: Freiheit 27, 46348 Raesfeld

▸ Turmwindmühle
Die Turmwindmühle Schwane bei Erle wurde 1848 vom Müller Schwane gebaut. 1894 wurde die Mühle mit einer Dampfmaschine angetrieben. Heute ist sie im Privatbesitz und wird bewohnt.
Adresse: Schermbecker Straße, 46348 Raesfeld-Erle

Museum

▸ Museum am Schloss
In diesem Heimatmuseum werden unter dem Titel „Raesfeld 1939–1945" Kriegsalltag, Lebenswelt und Erfahrungen der Raesfelder im Zweiten Weltkrieg dokumentiert.
Kontakt: Freiheit 19, 46348 Raesfeld, Hans Brune, ☏ 0152/33990881

Freizeit & Natur

▸ Femeiche
Eine ca. 1500 Jahre alte Femeiche steht in der Nähe der Erler Pfarrkirche. 1441 wurden

Malerisch schön liegt das imposante Schloss Raesfeld in der Münsterländer Parklandschaft

unter dieser Eiche die Gebrüder Diepenbrock wegen Schöffenmordes verfemt, bis zum Jahre 1589 wurde hier Gericht gehalten.
Adresse: Ekhornsloh, 46348 Raesfeld- Erle

▸ Kleine Brennerei im Münsterland

In der Kornbrennerei Böckenhoff, die seit 1865 in sechster Generation von der Familie betrieben wird, kann man erleben und probieren, wie aus dem Getreidekorn der hochprozentige Korn wird.
Kontakt: Kirchplatz 2, 46348 Raesfeld-Erle, ✆ 02865/217, 🌐 www.kornbrennerei-boeckenhoff.de

▸ ☺ Kunst- und Sagenweg

Anhand von Scherenschnitte an 13 Stationen zwischen dem Dorfkern und dem Schloss erfährt man einiges über Sagen aus Raesfeld, Erle und Homer.

▸ Pilgern

Der rund 195 Kilometer lange Abschnitt auf dem *Jakobsweg* (Weg 4) führt in zehn Etappen von Bielefeld nach Wesel und dabei auch durch Raesfeld. Eine Stempelstelle gibt es in der Tourist-Information.
Informationen: 🌐 www.jakobspilger.lvr.de.

▸ Radfahren

Radwandern zu den schönsten Plätzen in und um Raesfeld und zu den umliegenden Wasserschlössern kann man neben den örtlichen Radrundwegen z. B. auf folgenden Radwanderrouten: der *3-Flüsse-Route* durch die Region Lippe-Issel-Niederrhein, der *100 Schlösser Route* kreuz und quer durchs Münsterland und der *Naturpark-Hohe-Mark-Route,* die zehn Orte des Feriengebietes Hohe Mark verbindet. Außerdem kann man Touren mit dem Riesen-Tandem

mit 8, 12 oder 14 Sitzen über die Tourist-Information buchen.
Kontakt: Tourist-Information,
02865/60910
Informationen: www.3-flüsse-route.de, www.100schloesserroute.de, www.hohemark-westmuensterland.de

Reiten & Planwagenfahrten
Planwagenfahrten im Naturpark Hohe Mark – Westmünsterland, durch den Dämmerwald und die Erler Heide können über die Tourist-Information gebucht werden. Reiten kann man bei zwei Reiterhöfen.
Kontakt:
Tourist-Information, 02865/60910
Reiterhof Erler-Heide, Familie Gröniger, Alter Postweg 10, 46348 Raesfeld-Erle
02865/6136, www.reiterhof-erler-heide.de, www.reiten-erler-heide.de
Reitschule Erle, Myriam Lohuis, Marienthalerstraße 79, 46348 Raesfeld-Erle,
0179/2354652

Tiergarten Raesfeld
Aus dem 17. Jahrhundert stammt der Tiergarten und gilt als einer der ältesten Renaissance-Tiergärten. Seine Struktur mit den gewollten Sichtachsen ist nach historischem Vorbild erhalten worden. Auf Rundwanderwegen kann man den Park durchlaufen, vorbei an Teichen und zur Ruine der alten Wassermühle.
Ein ca. 5000 qm großes Gebiet am Tiergarten lädt mit Kletter- und Balancierpfaden, Niedrigseilgarten, Zapfenweitwurfanlage, Astbaustelle u. v. m. zum Spielen in der Natur und mit der Natur ein.
Kontakt: Tourist-Info im Naturparkhaus, Tiergarten Schloss Raesfeld, Hagenwiese 40, 46348 Raesfeld, 02865/60910, www.tiergarten-schloss-raesfeld.de

Am Langen Teich treffen sich Spaziergänger und Radfahrer

Veranstaltungen & Feste

Der **Rosenmontagsumzug** ist der Höhepunkt des Raesfelder Karneval.
Der **historische Kappesmarkt** in Raesfeld findet immer Samstag und Sonntag nach Allerheiligen statt. Es gibt Klumpentanz, Kappesdelikatessen, Kappes-, Bauern- und Kunstmarkt.

Recke

(Kreis Steinfurt)

Die Gemeinde Recke (11 300 Einwohner) mit den Ortsteilen Steinbeck, Obersteinbeck und Espel liegt an den Ausläufern des Teutoburger Waldes, grenzt im Westen an das Naturschutzgebiet Heiliges Meer und im Norden an das Landschafts- und Naturschutzgebiet Recker Moor. Der Mittellandkanal durchzieht das Gemeindegebiet. Der Ort Recke entstand durch die Gründung einer Kirche und wurde 1189 erstmals urkundlich erwähnt. Zu den wichtigsten Erwerbszweigen entwickelten sich die Landwirtschaft, der Hollandgang und der Töddenhandel mit Leinen, außerdem der Bergbau in der Region.

Tourist-Information Recke
Hauptstraße 28
49509 Recke
05453/91012
www.recke.de

Sehenswertes

Evangelische Kirche
Die mitten im Ortskern gelegene spätromanische Saalkirche aus dem 9. Jahrhundert mit romanischem Taufstein ist die älteste von drei Dionysius-Kirchen in Recke.

▸ Pfarrkirche St. Dionysius
Die in den 1950er-Jahren errichtete Kirche ist bekannt für ihren barocken Hochaltar von 1755.

▸ Pfarrkirche St. Philippus und Jakobus in Steinbeck
Die neugotische Steinbecker Pfarrkirche (erstmalige Erwähnung 1189) wurde 1889 bis 1892 durch Wilhelm Rincklake erbaut.

Museum

▸ Heimat- und Korbmuseum „Alte Ruthemühle"
In der ehemaligen Wassermühle dreht sich alles rund um die Themen Handwerk, Landwirtschaft, Bergbau und Leben in der Region, außerdem ist ein Korbmuseum integriert, im Backhaus gibt es Brot und Kuchen.
Kontakt: Steinbecker Straße 40, 49509 Recke, 05453/91012

Freizeit & Natur

▸ Naturschutzgebiete
Moorflächen und Feuchtwiesen im **Recker Moor** bieten vielen Vogelarten und anderen Tieren optimalen Lebensraum. Das Naturschutzgebiet darf erkundet werden. Ein Rundweg mit Informationstafeln und ein Aussichtsfernrohr bieten Einblicke in das Moor.
Auch das Naturschutzgebiet **Heiliges Meer** in Recke-Hopsten ist ein Eldorado für Naturfreunde: Auf ausgeschilderten Rundwanderwegen kann der größte natürlich See Westfalens umwandert werden.

▸ Schwefelbad Steinbeck
Im Schwefelbad Steinbeck, der einzigen staatlich anerkannten Heilquelle im Münsterand, erwarten den Besucher ein Schwefel-Thermalbecken, Saunabäder, Ruhezonen und Sonnenterrassen.
Kontakt: Fam. Helmut Determeyer, Bad 40, 49509 Recke-Steinbeck, 05453/8155, www.schwefelbad-steinbeck.de

▸ Schwimmen
Schwimmer und Wasserratten können sommers im Badeteich des Waldfreibades und winters im Hallenbad ihre Bahnen ziehen.
Kontakt:
Waldfreibad Recke, Auf der Haar, 49509 Recke, 05453/8717, www.freibad-recke.de, www.baeder-recke.de
Hallenbad Recke, Brookweg 11, 49509 Recke, 05453/932084, www.baeder-recke.de

▸ Sportboothafen „Marina Recke"
Über den Mittellandkanal ist Recke an das Wasserstraßennetz der westdeutschen Binnenschifffahrt angeschlossen. Der Sportboothafen am Mittellandkanal liegt unmittelbar am Recker Waldfreibad.
Kontakt: Hafenmeisterin Monika Robbes, Auf der Haar 23, 49509 Recke-Steinbeck, 0171/8952001, www.marina-recke.com

▸ Radfahren
Der *Töddenland-Radweg* führt durch die Kulturregion des Tecklenburger Landes und des südlichen Emslandes, die mit der Geschichte der „Tödden" (reisende Händler) verbunden sind.
Informationen: www.toeddenland-radweg.de

▸ Reiten & Planwagenfahrten
Reitsportanlagen und Reitkurse gibt es in Recke bei den folgenden Vereinen und Anbietern:
Kontakt:
Reit- und Fahrverein Recke e. V., Am Wall 45, 49509 Recke, 05453/8293, rv-recke.de
Haflingerhof Feldmann, Hörsteler Straße 69, 49509 Recke, 05453/8603
Planwagenfahrten, Familie Knöpke, Am Mühlenbach 45, 49509 Recke-Steinbeck, 05453/8892

Veranstaltungen & Feste

In der Karnevalshochburg Recke gibt es gleich **zwei Karnevalsumzüge,** einen am Rosensonntag und einen am Rosenmontag. Der politische Aschermittwoch der CDU in Recke ist der zweitgrößte nach Passau.

Reken

(Kreis Borken)

Die Gemeinde Reken (14 500 Einwohner) im westlichen Münsterland ist staatlich anerkannter Erholungsort und liegt eingebettet zwischen den Höhenzügen Rekener Berge, Borken-Ramsdorfer Berge und Hohe Mark. Die Gemeinde blickt auf über 1100 Jahre Geschichte zurück, sie wurde 889 als „Regnum" erstmals urkundlich erwähnt.

Tourist-Info Reken
Kirchstraße 14
48734 Reken
02864/9440-35, 02864/944-29
www.reken.de

Sehenswertes

Wehrkirche
Die ehemalige katholische Pfarrkirche St. Simon und Judas in Groß Reken ist eine Saalkirche mit romanischem Westturm. Sie hat ihren ursprünglichen Charakter weitgehend erhalten. Seit 1969 befindet sich hier ein Sakrales Museum.
Kontakt: Raimund Wolter, Surkstamm 50 a, 48734 Reken, 02864/4759

Haus Uphave
Beim Haus Uphave (1742) handelt es sich um eine ehemalige sogenannte Heuerlingsstelle. Die damaligen Bewohner, Familie Uphave, mussten als Pacht drei Tage im Monat Handdienste für den Haupthof leisten. Bis 1971 wurde das Haus bewohnt. 1980 ging es in den Besitz der Gemeinde Reken über, wurde restauriert und dient heute als Begegnungsstätte. Ein Bauerngarten mit Biotop befindet sich hinter dem Haus.
Adresse: Harrierstraße 11, 48734 Reken

Museum

Heimatmuseum Windmühle
Die Rekener Turmwindmühle, die weithin sichtbar auf einem Hügel steht, ist eine der schönsten und ältesten in Westfalen. Mit ihrem Bau wurde bereits 1775 begonnen, erst 1807 konnte sie in Betrieb gehen. Ihre Flügel haben eine Spannweite von 22 m, der Turm ist 12 m hoch. Der Heimatverein Reken betreibt seit 1972 in der Mühle ein Museum. Neben der Mühle gibt es in diesem kleinen Freilichtmuseum auch ein „Backhus" ein „Immenschur" (Bienenhaus) und ein „Pütthus" (Kühlbrunnen)
Kontakt: Mühlenberg, 48734 Reken, Georg Holthausen, 02864/2030

Freizeit & Natur

Freizeitanlage
In der für jedermann zugänglichen Freizeitanlage im Ortsteil Groß Reken gibt es Tennisplätze, eine Skaterbahn, eine Rollschuhbahn, eine Beachvolleyball-Anlage und einen Soccerplatz.
Kontakt: Gemeinde Reken, 02864/944158

Golf
Auf der 18-Loch-Anlage der Familie Bolle kann man in familiärer Atmosphäre Golf spielen.
Kontakt: Uhlenberg 8, 48734 Reken, Golfclub 02867/907237, Fam. Bolle 02864/72372, www.uhlenberg-reken.de

Die Rekener Turmwindmühle ist weithin sichtbar

iglo-Werksbesichtigung
Welchen Weg durchläuft das Gemüse vom Feld bis zum Tiefkühlfach? Antworten auf diese und viele andere Fragen rund um die Tiefkühlkost erhält man bei einer Werksbesichtigung der Firma iglo.
Kontakt: Aeckern 1, 48734 Reken, 02864/82-0, Buchung über Münsterland e. V., 02571/949399

Kutschfahrten
Wie wär's mit einer gemütlichen Kutschfahrt durch die idyllische Landschaft?
Kontakt:
Ludger Niewerth, 0172/9033510 o. 02864/6383
Ewald Bröking, 02864/7697

Niedrigseilgarten & Walderlebnispark
Klettern und Balancieren auf 100 m Länge kann man kostenfrei und ohne Anmeldung im Niedrigseilgarten in einem Waldstück in der Nähe des Berghotels Hohe Mark.
Vom Berghotel Hohe Mark zum Aussichtsturm am Melchenberg gibt es einen Wanderweg (3 km) mit zwölf Erlebnisstationen, an denen die Besucher spielerisch etwas über den Wald erfahren. Am Melchenberg bietet der Aussichtsturm (60 m) eine Aussichtsplattform (30 m) auf 162 m über NN mit Blick über das Münsterland bis ins Ruhrgebiet.

PoolBall® Arena
PoolBall® ist eine Mischung aus Fußball und Billard, man spielt es auf einem überdimensionalen Billardtisch, was nicht nur Ballgefühl, sondern auch Köpfchen erfordert.
Kontakt: Carl-Benz-Straße 1, 48734 Reken, 0176/47667973, www.poolball-arena.com

Reiten
Am Campingplatz Brockmühle werden Reitkurse angeboten.
Kontakt: Zum Heubach 34, 48734 Reken, 02864/7759, www.gerwert-camping.de

Radfahren
Zahlreiche beschilderte Radwege durchqueren die Gegend rund um Reken, wie die *5-Herzen-Touren* (14–20 km) und überregionale Themenrouten, wie die *Naturpark Hohe Mark Route* und die *BahnLandLust Radroute*, die von Dorsten über Reken nach Coesfeld führt (79 km).
Informationen: www.hohemark-west-muensterland.de, www.bahnlandlust.de

Schwimmen
Das Frei- und Hallenbad der Gemeinde Reken bietet Bade- und Schwimmvergnügen bei jedem Wetter.
Kontakt: Berge 2, 48734 Reken, 02864/944500

Vogelpark Maria Veen
Hier haben rund 50 Vogelarten – Sittiche und Aras – ihr Zuhause. In ca. 90 Volieren können über 400 Vögel beobachtet werden.
Kontakt: Drosselweg, 48734 Maria Veen, Natur- und Vogelschutzverein, Werner Homoet, 02864/2808

Wildpark Frankenhof
Im Wildpark Frankenhof leben über 500 Wildtiere, außerdem gibt es für Kinder einen großen Erlebnis-Spielplatz, das Trollland mit Kletterpilzen und einen Märchenwald. Eine Attraktion ist das Abenteuergelände, das einer Sägemühle aus den weiten Kanadas nachempfunden wurde.
Kontakt: Frankenstraße 32, 48734 Reken, 02864/1715, www.wildpark-frankenhof.de

Veranstaltungen & Feste

In Reken gibt es ein aktives Karnevals- und Schützenvereinsleben, so finden auch jährlich **Schützenfeste** und ein **Karnevalsumzug** statt.

Rhede

(Kreis Borken)

Die liebenswerte Kleinstadt Rhede (19 300 Einwohner) im westlichen Münsterland liegt am Schnittpunkt zwischen dem Niederrhein, den Niederlanden und dem Ruhrgebiet. Die Gemeinde mit ihrem ländlichen Charakter ist landschaftlich geprägt durch Wald-, Moor- und Heidegebiete. Als „Rethi" tauchte der Ort erstmals 1050 in einer Urkunde auf, im 13. Jahrhundert wurde ein Rittergeschlecht von Rethe urkundlich erwähnt, das wahrscheinlich Gründer der Pfarrkirche St. Gundula war, um die Rhede heranwuchs.

Tourist-Information
Rathausplatz 9
46414 Rhede
02872/930100
www.rhede.de

Sehenswertes

Pfarrkirche St. Gudula
Vorgängerin der heutigen katholischen Pfarrkirche (1898–1901), einer neugotischen Hallenkirche, war eine romanische Steinkirche, die jedoch Ende des 19. Jahrhunderts abgerissen wurde.
Adresse: Kirchplatz 2, 46414 Rhede

Schloss Rhede
Gegenüber dem Schloss Rhede befand sich die „Borg" der Herren von Rethe (13. Jahrhundert), die im 14. Jahrhundert abgerissen wurde. Der Bischof von Münster genehmigte 1426 einen Wiederaufbau, das heutige Renaissanceschloss. Es ist seit 1850 der Wohnsitz der Fürstenfamilie zu Salm-Salm. Eine Besichtigung ist nicht möglich.
Adresse: Schlossstraße 4, 46414 Rhede

Alte Herrensitze
Die Geschichte von **Haus Kretier** geht zurück auf das 14. Jahrhundert. Teile des früheren Grabensystems sind noch erhalten. **Haus Tenking** in seiner heutigen Form wurde 1710 gebaut, der Vorgängerbau stammte aus dem 15. Jahrhundert. Beide Herrensitze sind im Besitz der Nachkommen von Freiherr Johann Hermann van Hövell.
Adressen:
Haus Kretier, Im Kretier 11, 46414 Vardingholt
Haus Tenking, Tenkingallee 2, 46414 Rhede

Holländer Turmwindwühle
Die Windmühle Habers aus dem Jahr 1880 ist zwar ohne ihr Mahlwerk nicht mehr funktionstüchtig, kann aber besichtigt werden.
Adresse: Habers Mühle 4, 46414 Rhede

Museen

Medizin- und Apothekenmuseum
Eine Dauerausstellung informiert über das ländliche Gesundheitswesen in der Region und die Auswirkungen der Lebensbedingungen auf die Gesundheit in alter Zeit.
Kontakt: Markt 14, 46414 Rhede, 02872/7923, www.heimat-und-museumsverein-rhede.de

Spielzeugmuseum Max und Moritz
Die hier präsentierte Sammlung von Puppen, Teddys, Puppenstuben, Kaufläden u. v. m. aus der Zeit von 1850 bis 1950 lässt nicht nur Kinderaugen leuchten.
Kontakt: Auf der Kirchwiese 1, 46414 Rhede, 02872/981012, www.max-u-moritz.de

Freizeit & Natur

Alte Brennerei
Im Zentrum von Rhede befindet sich die alte Kornbrennerei von 1852, die zwar nicht mehr in Betrieb ist, dennoch wird hier nach alten Rezepten die „Rheder Ampel", ein Likör aus Anis, Pfefferminze und Schlehe, hergestellt. Die Brennerei mit den alten Geräten kann besichtigt werden.
Kontakt: Dännendiek, 46414 Rhede

Burlo-Vardingholter Venn
Das Burlo-Vardingholter Venn mit seinem Moor- und Heidegebiet und der typischen Flora und Fauna ist ca. 4500 Jahre alt. Das Naturschutzgebiet ist ideal zum Wandern und Radfahren. Da die deutsch-niederländische Grenze durch das Venn verläuft, sind hier noch alte Grenzsteine von 1766 zu finden.
Kontakt: Kreis Borken, Burloer Straße 93, 46325 Borken, 02861/939252, www.borken.de

Dingdener Heide
Im Naturschutzgebiet Büngernsche und Dingdener Heide bieten Infotafeln Einblicke in die historischen Hintergründe, die Pflege der Beispielflächen und die Tierwelt von Heide, Wald und Wiese.
Informationen: www.dingdener-heide.com

Versunkene Bokelt
Ein weiteres Naturschutzgebiet befindet sich westlich von Rhede, das Versunkene Bokelt. Das Trittsteinbiotop in der Aue der Bocholter Aa ist ein Brut- und Überwinterungsgebiet für Vögel. Hier kann man Eisvögel, Flussregenpfeifer, Kiebitze und andere teils seltene Wasservögel beobachten.

Radfahren
Durch und um Rhede kann man auf über 60 km Radwegen die Natur und Kulturlandschaft genießen: Viele Radwege laden zu Thementouren ein: *Bocholter Aa-Radweg, Schloss-Raesfeld-Tour, Schloss-Anholt-Tour, Weseke-Tour, Naturräume-Tour, Schloss-Diepenbrock-Tour* etc.

Durch das Moor bei Rhede führen teilweise auch Stege

Reiten

Es gibt eine Rundroute für Reiter durch Rheder Gebiet mit Strecken von neun bis 16 km. Auch eine Vernetzung mit Nachbarstädten ist möglich. Zahlreiche Reiterhöfe stehen Pferdefreunden offen.

Kontakt:

Reiterhof Böing, Ursula Böing, Venneweg 4, 46414 Rhede, 0178/3372293

Pferdegut Hessenspoor, Nicola Löhr, Hessenspoor 6, 46414 Rhede, 0176/83060338, www.hessenspoor.de

Ausbildungs- und Pensionsstall Könemann, Renzelhook 5, 46414 Rhede-Krommert, 02872/9243527 o. 0162/2867111, www.gerd-koenemann.de

Hof Schulze Renzel, Renzelhook 7, 46414 Rhede, 02872/2308, www.schulze-renzel.de

S-Ranch, Eberhard Simon, Brooker Steege 10, 46414 Rhede, 02872/980063, www.s-ranch.de

Walkers Islandhof, Barbara und Thomas Walker, Raesfelder Weg 13, 46414 Rhede, 02872/9480686 o. 0172/4186956

Wandern

Vier Wanderrouten rund um Rhede bieten wahre Naturerlebnisse: *Aasee* (Route 1), *Schloss Diepenbrock* (Route 2), *Dingender Heide* (Route 3), und *Haus Pröbsting* (Route 4).

Veranstaltungen & Feste

Der **Karnevalszug** zieht am Rosensonntag durch die Gemeinde.
Höhepunkt im Jahr ist die **Rheder Kirmes,** die Ende August vier Tage lang gefeiert wird.

Rheine

(Kreis Steinfurt)

Die Stadt Rheine (75 000 Einwohner) ist die zweitgrößte Stadt im Münsterland. Sie liegt an der Ems im nördlichen Münsterland. Seinen historischen Ursprung hat die Stadt vor fast 1200 Jahren: Als „Curtus Reni" wurde das auf einem Kalkhügel gelegene Gut „Reni" im Jahr 838 in einer Schenkungsurkunde von Kaiser Ludwig dem Frommen an die Benediktinerinnen des Stiftes Herford bezeichnet. Die Stadtrechte bekam Rheine 1327 von Fürstbischof Ludwig II., Bischof von Münster und Landgraf von Hessen, verliehen. Im 19. Jahrhundert entwickelte sich Rheine zu einem wichtigen Textilstandort, was sich heute noch bemerkbar macht.

Rheine. Tourismus. Veranstaltungen e. V.
Bahnhofstraße 14
48431 Rheine
05971/800650
www.rheine-tourismus.de

Sehenswertes

Historischer Marktplatz
Der von prachtvollen Bürgerhäusern umsäumte Marktplatz hat seinen mittelalterlichen Charakter erhalten. Sehenswerte Gebäude sind hier Haus Beckers (Markt 12), Pfarrheim St. Dionysius (Markt 14), Beilmannsches Haus (Markt 15), Haus Nienkemper (Markt 2).

St. Dionysos
Der Bau der katholischen Pfarrkirche wurde nach 120 Jahren Bauzeit mit dem Guss der ältesten Glocke 1520 beendet. Die Glocke trägt den Namen des Pfarrpatrons, ihre Inschrift lautet „Dionysos schützt und vertreibt Unheilsblitze".
Adresse: An der Stadtkirche 12, 48431 Rheine

Basilika St. Antonius
Die romanische Basilika aus dem 11./12. Jahrhundert wurde nach dem Vorbild der Michaelskirche in Hildesheim erbaut. Ihr Turm ist 102,5 m hoch und damit im Münsterland unübertroffen.
Adresse: Osnabrücker Straße 34, 48429 Rheine

Kloster Bentlage
Das frühere Kreuzherrenkloster am Ufer der Ems wurde 1437 gegründet. Sein gotisches Konventsgebäude ist sehr gut erhalten. 1803 wurde das Kloster säkularisiert und von einer belgischen Adelsfamilie als Schloss genutzt.
Adresse: Bentlager Weg 130, 48432 Rheine

Rote und Gelbe Villa
Bauherren der beiden Villen (1886) waren die Textilfabrikanten Hermann und Karl Kümpers. Die Gelbe Villa wurde im Stil einer italienischen Gartenvilla der Hochrenaissance und die Rote im Stil der deutsch-niederländischen Renaissance erbaut.
Adresse: Münsterstraße, 48431 Rheine

Museen

Kloster Bentlage
Seit 1978 im städtischen Besitz, entwickelte sich das Kloster Bentlage zu einem Zentrum für zeitgenössische Kunst und bietet Ausstellungen zur Kunst- und Kulturgeschichte Westfalens sowie kulturelle Veranstaltungen an.
Kontakt: Bentlager Weg 130, 48432 Rheine, 05971/918400, www.kloster-bentlage.de

Mächtig ragt der über 100 m hohe Turm der Antonius-Basilika auf

▸ Apothekenmuseum
Die Löwenapotheke wurde 1677 erstmals urkundlich erwähnt, stammt aber wahrscheinlich aus der Mitte des 15. Jahrhunderts. Im Museum kann man historische pharmazeutische Geräte wie Mörser, Gefäße, Waagen und alte Einrichtungsgegenstände bewundern.
Kontakt: Marktstraße 2, 48431 Rheine

▸ Emstouren
Die Ems kann man auf unterschiedliche Weise befahren: mit dem Drachenboot, dem Floß oder dem Kanu; zu buchen über den Verkehrsverein Rheine.
Kontakt: Rheine. Tourismus. Veranstaltungen. e. V., 05971/800650, www.verkehrsverein-rheine.de

▸ Falkenhofmuseum
Der Falkenhof aus dem 9. Jahrhundert ist die Keimzelle Rheines. Er beherbergt heute das Stadtmuseum mit Exponaten zur Stadtgeschichte (archäologische Funde), einem Grafikkabinett und der Kasimir-Hagen-Sammlung.
Kontakt: Tiefe Straße 22, 48431 Rheine, 05971/920610, www.rheine.de

Im NaturZoo in Rheine kommt man den Tieren manchmal ganz nahe

▸ Textilmuseum
Rheine war eine Textil- und Industriestadt, das Textilmuseum steht im Zeichen dieser Tradition und veranschaulicht die textile Arbeitswelt und Arbeiterkultur.
Kontakt: Humboldtplatz 4 (im EEC), 48429 Rheine, Dr. Andreas Oelke, 05971/10018, www.textilmuseum-rheine.de

Freizeit & Natur

▸ Eislaufen
Freunde des Kufensports kommen in der Eissporthalle Rheine voll auf ihre Kosten.
Kontakt: Kopernikusstraße 34, 48429 Rheine. 05971/8696681, www.eissporthalle-rheine.de

▸ Golf
Optimales Golfvergnügen verspricht die 27-Loch-Anlage im Golfclub Rheine-Mesum Gut Winterbrock e. V.
Kontakt: Wörthstraße 201, 4843 Rheine, 05975/9490, www.golfclub-rheine.de

▸ Kartbahn
Im Kart Center Rheine kann man Formel-1-Feeling selbst erleben.
Kontakt: Sandkampstraße 70, 48432 Rheine, 05971/9569567, www.kartcenter-rheine.de

Minigolf
Im Stadtpark Rheine kann man (in den Sommermonaten) Minigolf und Boule spielen.
Kontakt: Stadtpark Rheine, Kopernikusstraße, 48429 Rheine, 05971/65893

NaturZoo Rheine
Affenwald, Volieren, Streichelzoo, Seehundbecken – im NaturZoo können die Tiere von Nahem und in ihren natürlich gestalteten Gehegen beobachtet werden.
Kontakt: Salinenstraße 150, 48432 Rheine, 05971/16148-0, www.naturzoo.de

Radfahren & Wandern
Ein dichtes Radwegenetz durch und um Rheine lädt zu Touren mit dem Fahrrad ein, so z. B. der *EmsRadweg*, die *Emslandroute* oder die *Hase-Ems-Route*.
Von Rheine aus startend kann man auf dem *Hermannsweg*, einem der schönsten Höhenwege Deutschlands, wandern.
Informationen: www.emsradweg.de, www.hermannshoehen.de

Salinenpark & Salzwerkstatt
In der Saline „Gottesgabe" mit ihrem Gradierwerk kann man erleben und erfahren, wie Salz hergestellt wird. Die erhaltenen Gebäude der Saline gelten als einzigartiges technisches Kulturdenkmal aus vorindustrieller Zeit.
Kontakt: Salinenstraße 105, 48432 Rheine, Führungen über Städtische Museen, 05971/92060

Schwimmen
Wasserratten haben gleich drei Bäder in Rheine zur Auswahl: das Hallenbad Rheine wird mit Solewasser betrieben. In Mesum ist das Hallenbad für seine Piratenlandschaft beliebt. Das Freibad ist ein Erlebnisbad mit vielen Attraktionen.
Kontakt:
Hallenbad Rheine, Hemelter Straße 38, 48429 Rheine
Hallenbad Mesum, Hassenbrockweg 55, 48432 Rheine
Freibad Rheine, Kopernikusstraße 58, 48429 Rheine

Segway
Mit dem Segway die schönsten Seiten von Rheine sehen, das bietet Segpoint Rheine an.
Kontakt: Sprickmannstraße 77, 48431 Rheine, 05971/8019406, www.segpoint-rheine.de

Walshagenpark
Der Bürgerpark ist ein herrlicher Ort für Naherholungssuchende. Unter 150 Jahre alten Eichen kann man flanieren, zur Blütezeit lockt der Rhododendronpfad, sehenswert sind zudem die Teichanlage, die Statuen und Brunnen, das Feuchtbiotop und der Bauerngarten. Auch wer sich „austoben" will, ist hier richtig, auf dem Trimm-Dich-Pfad, dem großen Kinderspielplatz und den Fußballfeldern.
Kontakt: Walshagenpark Verein Rheine e. V., Karl-Arnold-Straße 3, 48429 Rheine, 05971/8030459

Veranstaltungen & Feste

Rosenmontagsumzug: Die Rheiner Karnevalsvereine ziehen mit ca. 40 fantastischen Wagen und fast 50 tollen Fußgruppen durch die Innenstadt.
EmsFestival (Juli): Auf der Emsbühne und am Emsufer gibt es Musik unter dem Motto „Umsonst & Draußen!"
Deutschlands größter Kinderflohmarkt (August): In der gesamten Innenstadt kann man nach Schnäppchen, Sammelstücken und Kuriositäten suchen.
Rheines Stadtfest (September): Noch ein musikalisches Highlight ist die große Straßenparty.
Herbstkirmes (Oktober): Sie ist die schönste Herbstkirmes im Münsterland.

Rosendahl

(Kreis Coesfeld)

Die Gemeinde Rosendahl (11 100 Einwohner) entstand 1975 aus den Dörfern Darfeld, Holtwick und Osterwick. Die Geschichte der drei Dörfer beginnt aber schon im Jahr 890, damals wurden sie erstmalig in einer Urkunde erwähnt. Die Gemeinde liegt im westlichen Münsterland am Fuße der Baumberge. Die Vechte entspringt in Darfeld und die Dinkel in Osterwick. Der Name Rosendahl setzt sich übrigens zusammen aus „Dahl", einer Gemarkung zwischen den Dörfern, die als gemeinsames Weideland genutzt wurde, und „Rosen", denn dort in einer Senke befand sich ein guter Standort für Heckenrosen.

Gemeinde Rosendahl
Hauptstraße 30
48720 Rosendahl
02547/770
www.rosendahl.de

Sehenswertes

Schloss Darfeld
Das Wasserschloss Darfeld wurde 1612 bis 1618 im Stil der venezianischen Renaissance aus Baumberger Sandstein erbaut. Die zweigeschossigen Bogenhallen, die Rundbögen, Verzierungen und Kapitelle sind ein gelungenes Beispiel südländischer Baukunst. Das Schloss hat eine wechselvolle Geschichte und viele Bewohner erlebt. Nach einem Brand 1899 wurde das Schloss 1902 bis 1904 wieder aufgebaut. Heute wird es privat bewohnt. Es kann nur von außen besichtigt werden.
Adresse: Schlossallee, 48720 Rosendahl

Holtwicker Ei
Beim Holtwicker Ei handelt es sich um den größten westfälischen Findling aus der Eiszeit, der vor ca. 150 000 Jahren aus Schweden nach Rosendahl gelangte. Um den Findling ranken sich viele Sagen, z. B. die, dass der Teufel damit die neu gebauten Kirchen zertrümmern wollte.

Torhaus
Das Torhaus von Haus Holtwick von 1670 ist das älteste Gebäude in Holtwick. Die frühere Hofstelle wurde 890 urkundlich erwähnt. Auf die Hofstelle gelangte man über eine Zugbrücke durch das Torhaus.
Adresse: Haus Holtwick 7 a, 49720 Rosendahl

Schloss und Stift Varlar
Schloss Varlar ist ein 1828 im klassizistischen Stil umgebautes Prämonstratenserkloster. Stift Varlar wurde im frühen 12. Jahrhundert von den Grafen von Cappenberg gegründet und mit der Säkularisation 1803 aufgehoben. Danach diente die Anlage als gräfliche Residenz und ist heute im Besitz der Familie Salm-Horstmar. Sie kann nur von außen besichtigt werden.
Adresse: Bauerschaft Varlar, 49720 Rosendahl-Osterwick

Freizeit & Natur

Barfußpfad
Im Dorfpark Osterwick lädt der Barfußpfad ein, Sinneserfahrungen mit den Füßen zu machen und zu erleben, wie entspannend das Barfußlaufen auf den unterschiedlichen Bodenmaterialien sein kann.
Adresse: Dorfpark, 48720 Rosendahl-Osterwick

Naturschutzgebiet Vechtequelle
In der Bauerschaft Oberdarfeld entspringt die Vechte aus mehreren sprudelnden

Grundquellen, die man von einer kleinen Brücke aus sehen kann. Die Vechtequelle wurde 2003 zum Naturschutzgebiet erhoben. Hier beginnen die Vechtetal-Route und auch ein Wanderweg.

Radfahren
Mit Rückenwind die Region um Rosendahl erradeln, das kann man auf zahlreichen ausgeschilderten regionalen Rundwegen oder auf den überregionalen Fahrradrouten wie der *RadBahn Münsterland*, der *Vechtetal-Route*, der *Sandsteinroute*, der *100 Schlösser Route* und dem *Europaweg R1*.
Informationen: www.radbahn-muensterland.de, www.100schloesserroute.de, www.r1-radweginfo.de

Reiten
Die *Rosendahler Reitroute* ist ca. 60 km lang und bietet drei miteinander kombinierbare Routen an, die sich um die Dörfer schlängeln. Sie ist ausgeschildert.
Kontakt:
Zentrum für Freizeitreiten, Elke Waning, Eichenkamp 37, 48720 Rosendahl, 02547/1232, www.zentrum-fuer-freizeitreiten.de
Reit- und Fahrverein Darfeld e. V., Sudetenstraße, 48720 Rosendahl, www.rv-darfeld.de
Reitverein Osterwick e. V., Grüner Winkel 9, 48720 Rosendahl, www.rv-osterwick.de
Pension Immenhof, J. Börsting, Hennewich 1, 48720 Rosendahl, 02545/429

Wasserlehrpfad
Der Wasserlehrpfad rund um das Pfarrhaus der Kirchengemeinde St. Fabian und Sebastian macht Wasser direkt erlebbar. Hier kann man ein Stauwehr speisen, Pegel messen, Wasser schöpfen, Wasserpflanzen kennenlernen und sich über die Bedeutung und Wichtigkeit von Wasser für die Menschen und die Umwelt informieren.
Kontakt: Kirchengemeinde St. Fabian und Sebastian, Fabianuskirchplatz 7, 48720 Rosendahl-Osterwick, 02547/7138

Veranstaltungen & Feste

Buntes Treiben herrscht auf den Volksfesten in Rosendahl wie dem **Fabianus-Markt** in Osterwick (Januar), dem **Holtwicker Herbst** in Holtwick (Oktober) oder auch dem **Stoppelmarkt** in Darfeld (September).

Saerbeck

(Kreis Steinfurt)

Die Gemeinde Saerbeck (7200 Einwohner) liegt im nördlichen Münsterland. Ihre erste namentliche Erwähnung erfuhr Saerbeck um 1100 in einer Akte, der Freckenhorster Heberolle, in der die Bauernhöfe zu Naturalabgaben an das Stift Freckenhorst verpflichtet wurden. Die Landwirtschaft war auch über Jahrhunderte in Saerbeck der prägende Wirtschaftszweig.

Gemeinde Saerbeck
Ferrières-Straße 11
48369 Saerbeck
02574/89503
www.saerbeck.de

Sehenswertes

Hof Hunnekuhl
Der Hof Hunnekuhl wurde um 1400 erstmalig erwähnt und gehörte zur Bauerschaft Middendorf. Das Fachwerkhaus in Dreiständerbauweise mit Diele, Stallungen, Küchen- und Stubenteil stammt vom Beginn des 19. Jahrhunderts. Seit der Sanierung 1983 dient der Saerbecker Althof als Bürgerhaus.
Adresse: Ferrières-Straße 12, 48369 Saerbeck

Rathaus Hof Münninghoff
Hof Münninghoff (= Mönchshof) gehörte ehemals zur Bauerschaft Middendorf, seine Geschichte lässt sich bis 1122 zurückverfolgen. Der namentliche Bezug lässt vermuten, dass er in Verbindung mit dem Kloster Cappenberg stand. Das heutige Haupthaus stammt von 1870. Im Jahr 2000 erwarb es die Gemeinde Saerbeck und nutzt es als Rathaus.
Adresse: 48369 Saerbeck-Middendorf

Die Holländermühle in Sinningen ist 150 Jahre alt

Pfarrkirche St. Georg
Die Gründung von St. Georg geht wahrscheinlich auf das Kloster Cappenberg zurück. 1161 wurde in Saerbeck erstmals eine Kirche erwähnt. Anfang des 16. Jahrhunderts wurde die Kirche im spätgotischen Stil umgebaut, die Jahreszahl 1526 ziert das Turmportal. 1896 wurde sie jedoch abgerissen und durch einen neugotischen Bau ersetzt, Reste des mittelalterlichen Turms wurden integriert. Zur prachtvollen Innenausstattung zählen ein Taufstein (13. Jahrhundert), eine spätgotische Madonna (1480), eine barocke Pieta (18. Jahrhundert).
Adresse: Am Kirchplatz 2, 48369 Saerbeck

Windmühle
Die 22 m hohe Holländermühle (Wallholländer) in Sinningen wurde 1866/67 vom Müller Theodor Eilers errichtet. Sie thront auf einem gemauerten Sockel mit Durchfahrt. Bis 1983 wurde hier Korn gemahlen. Heute belegt die Feuerwehr den unteren Teil und oben befindet sich eine Ausstellung zu den Saerbecker Mühlen. Eine Besichtigung mit Führung ist möglich.
Kontakt: Förderkreis Sinninger Mühle e. V., Heinrich Beermann, Sinningen 51, 48369 Saerbeck, 02572/952110

Museen

Kornbrennerei-Museum
Wie entsteht aus Getreide der Münsterländer Doppelkorn? Das erfährt man in diesem außergewöhnlichen Museum. Die ehemalige Kornbrennerei Dalmöller-Niehaus, die heute als Museum dient und dem Heimatverein eine Heimat gibt, wurde 1812 gegründet und ist als einzige in Saerbeck noch vollständig erhalten.
Kontakt: Heimatverein Saerbeck, Franz Lüttmann, Erlenstiege 14, 48369 Saerbeck, 02574/983098, www.heimatverein-saerbeck.de

Im Wildfreigehege leben viele Arten

▸ Heimatmuseum alte Dorfschule
Die alte Dorfschule von Saerbeck, die 1904 bis 1906 gebaut wurde, erfüllte ihren ursprünglichen Zweck bis 1984. Nach ihrer Sanierung wurde sie in ein kulturelles Zentrum umgewandelt, in dem sich u. a. das Heimatmuseum befindet. Hier steht die Saerbecker Geschichte von der Eiszeit bis ins 20. Jahrhundert im Mittelpunkt.
Kontakt: Heimatverein Saerbeck, Grevener Straße 7, 48369 Saerbeck, 🌐 www.heimatverein-saerbeck.de

Freizeit & Natur

▸ ☺ Badesee
In der Nähe zum Dorf liegt der Badesee mit Sandstrand und Liegewiese. „Pättkes" entlang des Mühlenbachs und um den Badesee laden zu Spaziergängen ein.

▸ ☺ Naturschutzgebiet Feuchtwiesen
Die Feuchtwiesen dienen der Erhaltung von Lebensraum für den Großen Brachvogel und allerlei Watvögel wie Uferschnepfen, Bekassinen, Rotschenkel. Vom Aussichtsturm

beim Parkplatz kann man die Vogelwelt beobachten.

Reiten

Für Freunde des Reitsports und des Freizeitreitens gibt es in Saerbeck vielfältige Angebote und Reiterhöfe.

Kontakt:

Reiterhof Helmig, Westladbergen 16, 48369 Saerbeck, 02574/489, www.hof-helmig.de

Reiterhof Werning, Eichengrund 7, 48369 Saerbeck, 02574/8170

Reithalle Ottmann, Ibbenbürener Straße 47, 48369 Saerbeck, 02574/8128 o. 1314

Gestüt Steenhaar, Westladbergen 11, 48369 Saerbeck, 02574/767, www.steenhaar.de

Islandpferdehof Landskron, Middendorf 62, 48369 Saerbeck, 0172/5662495, www.reittherapie-landskron.de

Wandern & Radfahren

Saerbeck liegt für Radfreunde günstig an der *Dortmund-Ems-Kanal-Route* und dem *EmsRadweg.* Die *Brachvogelroute* verläuft durch die Feuchtwiesen und verbindet auf einem Radrundkurs die Naturschutzgebiete in Saerbeck und Ladbergen.

Die Emsaue sowie die Feuchtwiesen laden zu Wanderungen und Spaziergängen ein. Der Wanderweg *Weg des Friedens,* der durch die Gemeinde Saerbeck führt, informiert an 14 Stationen über historische Ereignisse und gegenwärtige Projekte.

Informationen: www.emsradweg.de

Wildfreigehege Nöttler Berg

Im Wildfreigehege am Nöttler Berg leben etwa 40 Arten von heimischem und fremdartigem Hoch- und Niederwild, wie z. B. Rotwild, Wildschweine, Ziegen, Bisons, Hängebauchschweine.

Kontakt: Saerbeck-Westladbergen 30, 02574/474, www.wildfreigehege-saerbeck.de

Sassenberg

(Kreis Warendorf)

Die Stadt Sassenberg (14 200 Einwohner) war ehemals Residenz der Fürstbischöfe von Münster und liegt in der Münsterländer bzw. der Parklandschaft des Kreises Warendorf. Mit der Industrialisierung gewann die Kammgarnspinnerei und Färberei an Bedeutung und führte zu wirtschaftlichem Aufschwung. Der Stadtteil Füchtorf ist die Spargelmetropole im Münsterland.

Verkehrsamt Sassenberg
Schürenstraße 17
48336 Sassenberg
02583/3090
www.sassenberg.de

Sehenswertes

Schloss von Ketteler

Schloss von Ketteler wurde zwischen 1754 bis 1767 vom fürstbischöflichen Feldhauptmann Johann L. M. Gröninger erbaut, mit Unterbrechung durch den Siebenjährigen Krieg.

Adresse: Harkotten 1, 48336 Sassenberg

Schloss von Korff

Schloss von Korff im klassizistischen Stil wurde 1805/06 nach dem Vorbild von Schloss Wörlitz erbaut. Das Schloss beherbergt u. a. ein Museum.

Kontakt: Harkotten 2, 48336 Sassenberg-Füchtorf, www.schlossharkotten.de

Haus Schücking

Das Backsteingebäude wurde 1754 nach Plänen von Johann Conrad Schlaun erbaut und diente dem bischöflichen Kanzler Schücking als Wohnhaus.

Adresse: Von-Galen-Straße 2, 48336 Sassenberg

▸ Alte Mühle

Die fürstliche Mühle von 1578 lag früher auf einer Insel und erfuhr über die Jahrhunderte mehrere Umbauten, 1947/48 wurde sie aufgestockt. Heute befindet sich in der Mühle ein Begegnungszentrum.
Adresse: Von-Galen-Straße 3, 48336 Sassenberg

▸ Pfarrkirche St. Johannes

Die Hallenkirche wurde 1670 bis 1678 unter Fürstbischof Christoph von Galen erbaut.
Adresse: Lappenbrink, 48336 Sassenberg

Freizeit & Natur

▸ ☺ Feldmarksee

Der Badesee mit beliebtem Strandbad bietet auch die Möglichkeit zu segeln, zu surfen, Tretboot zu fahren, zu angeln und zu wandern.

▸ ☺ Schwimmen

Neben dem Strandbad am Feldmarksee verspricht auch das familienfreundliche Freibad im Sportgelände Brook Badevergnügen im Sommer.

Die fürstliche Mühle von Sassenberg stammt aus dem 16. Jahrhundert

Kontakt: Graffelder Esch 5, 48336 Sassenberg, 02583/1251

Radfahren
Sassenberg kann man auf der *Route 72,* einem 30 km langen Rundweg durch das Stadtgebiet erradeln. Außerdem führen verschiedene Themenrouten durch Sassenberg, wie die *100 Schlösser Route,* die *Deutsche Fußball Route,* der *EmsRadweg* und der *Europaradweg R1.* Besonders zu empfehlen ist auch die *Grenzgängerroute Teuto-Ems,* die zwölf Städte und Gemeinden im Grenzgebiet miteinander verbindet.
Informationen: www.100schloesserroute.de, www.deutsche-fussballroute.de, www.emsradweg.de, www.r1-radweg-info.de, www.grenzgaengerroute.de

Reiten
Der Pferdesport ist im Kreis Warendorf beheimatet. Die 200 km lange *Warendorfer Reitroute* mit zahlreichen Landgaststätten und Reiterhöfen auf der Strecke bietet attraktive Rundkurse zwischen neun und 130 km für Ross und Reiter. Mehrere Reitvereine und Reitanlagen sind in Sassenberg beheimatet.
Kontakt:
Reitanlage Gäher, Steinkamps Heide 1, 48336 Sassenberg, 2583/4987, www.reitanlage-gaeher.de
Zucht-, Reit- und Fahrverein St. Hubertus Füchtorf, Gröblinger Str. 27, 48336 Sassenberg, 0160/96711501, www.hubertus-fuechtorf.info
Reitanlage Messerschmidt-Hahn GmbH, Milter Str. 2, 48336 Sassenberg, 05426/806176
Lindenhof – Reitanlage Theodorescu GmbH & Co. KG, Ravensberger Str. 30, 48336 Sassenberg, 05423/3336, www.theodorescu.de

Veranstaltungen & Feste

Im März findet in Sassendorf der **Schachblumenmarkt** statt, eine Schachblumenkönigin wird gekürt. Ende April wird die **Spargelsaison** in Fürchtorf eröffnet und die Deutsche Meisterschaft im **Tractor-Pulling** beginnt. Anfang November gibt es einen **Allerheiligenmarkt** mit Kindertrödelmarkt.

Schöppingen

(Kreis Borken)

Die Gemeinde Schöppingen (6500 Einwohner) mit den Ortsteilen Schöppingen und Eggerode liegt im westlichen Münsterland. Hier entsteht die Vechte und erhebt sich der Schoppinger Berg mit 158 m. Die Gemeinde Schöppingen wurde 838 urkundlich erwähnt, im 14. Jahrhundert entstand die Stadtbefestigung. Eggerode taucht 1151 im Heberegister des Stiftes Asbeck auf. Mit der Madonnenskulptur in der Gnadenkapelle ist es als Wallfahrtsort Ziel vieler Pilger.

Tourist-Information
Amtsstraße 17
48624 Schöppingen
02555/880
www.schoeppingen.de

Sehenswertes

Altes Rathaus
Das Alte Rathaus mit den pittoresken rot-weißen Fensterläden wurde im Jahr 1583 erbaut und ist das Schmuckstück von Schöppingen. Es ist ein typisch münsterländischer Renaissance-Bau mit Dreistaffelgiebel und klaren Formen.
Adresse: Hauptstraße 29, 48624 Schöppingen

▸ Pfarrkirche St. Brictius
Die Vorgängerkirche von St. Brictius stammt aus dem 8. Jahrhundert und wurde unter Bischof Liudger zur Pfarrkirche. Um 1100 erfolgte ein Neubau der Kirche, vom dem heute noch der mächtige Turm erhalten ist. 1453–1455 wurde die Kirche nach einem Brand abermals als gotische Hallenkirche neu errichtet. Sehenswert ist der Flügelaltar von 1455.
Adresse: Kirchplatz 7, 48624 Schöppingen

▸ Schutzengel auf dem Schöppinger Berg
Der „Große Schutzengel" steht seit 1913 auf dem Schöppinger Berg und wacht über den Ort. Seine Sockelinschrift lautet: „Reise glücklich, und Gott sei auf eurem Wege, und sein Engel begleite euch."

▸ Wallfahrtsort Eggerode
Die Gnadenkapelle in Eggerode von 1843 ist der zweitälteste Wallfahrtsort im Bistum Münster. Ziel vieler Pilger ist die Madonnenskulptur „Unserer lieben Frau vom Himmelreich", die vermutlich von einem der Kreuzzüge (1096–1270) stammt. Das Gnadenbild ist 1338 erstmals urkundlich belegt.
Adresse: Marienplatz 7, 48624 Schöppingen-Eggerode

Freizeit & Natur

▸ Ballonfahrt
Wer hoch in die Lüfte möchte, der kann bei der Gemeinde Schöppingen eine Ballonfahrt buchen.
Kontakt: Tourist-Information, ✆ 02555/88-36

▸ Künstlerdorf Schöppingen
Im Ortskern von Schöppingen hat das Künstlerdorf in zwei Höfen aus dem frühen 19. Jahrhundert sein Domizil. Hier werden Literatur, bildende und experimentelle Künste gefördert. Zu den Veranstaltungen und

Das Alte Rathaus ist das Schmuckstück von Schöppingen

Ausstellungen sind Besucher willkommen.
Kontakt: Feuerstiege 6, 48624 Schöppingen, ✆ 02555/93810, 🌐 www.stiftung-kuenstlerdorf.de

▸ Radfahren
Für Radfahrer ist die „fahrradfreundliche Gemeinde" Schöppingen ein Eldorado, denn zahlreiche regionale und überregionale Fahrradrouten führen durch und um die Gemeinde. Regionale Routen sind die *Kunst- und Kulturroute,* die *Kapellenroute* und der *Plattdütsken Patt.* Überregional findet man Anschluss an die *Vechtetalroute,* die *Aa-Vechte-Tour,* die *100 Schlösser Route,* die

Flamingoroute, den *Jubiläumsradweg* und die *Euregio-Kunstroute*.
Informationen: 🌐 www.100schloesserroute.de, 🌐 www.flamingoroute.com

▸ Schwimmen
Im Sole-Light Vechtebad mit der besonders hautfreundlichen Natursole wird das Baden und Schwimmen auch für die Haut zur Erholung.
Kontakt: Metelener Straße 2, 48624 Schöppingen, ✆ 02555/984213,

Veranstaltungen & Feste

In Schöppingen geht es musikalisch zu: Samstag vor Pfingsten und am Pfingstsonntag gibt es in Schöppingen das internationale **Grolsch-Blues-Festival.** Am dritten Wochenende im September findet das Schöppinger **Apfelfest** statt. Am letzten Wochenende im Oktober lädt die traditionelle **Kneipennacht** zum Einkehren ein.

Senden

(Kreis Coesfeld)

Die Gemeinde Senden (20 900 Einwohner) entstand 1975 aus den Gemeinden Bösensell, Ottmarsbocholt, Senden und Venne. Alle vier Ortsteile blicken auf eine lange Geschichte zurück. Der Name Senden taucht erstmals um 890 in einem Heberegister des Klosters Werden an der Ruhr auf. Die Gemeinde liegt an der Stever und am Dortmund-Ems-Kanal.

Tourist-Information Senden
Münsterstraße 30
48308 Senden
✆ 02597/699799
🌐 www.gemeinde-senden.de

Sehenswertes

▸ Ortskern
Im Ortskern von Senden finden sich einige historische Gebäude und Sehenswürdigkeiten wie die Alte Brennerei Palz an der Münsterstraße, das Wohnhaus der Familie Palz, das zu den ältesten Häusern im Ortskern zählt, die rekonstruierten DRK-Häuser und das Frerichmannsche Haus in der Herrenstraße mit dem „Nies" (Figur des Heimatdichters Anton Aulke) davor.

▸ Schloss Senden
Das Schloss Senden ist von einer breiten Gräfte umgeben, die durch den Fluss Stever gespeist wird, und liegt nahe dem Dortmund-Ems-Kanal. Es ging aus dem mittelalterlichen Rittergut Senden hervor, Ludeke Droste errichtete es im 15. Jahrhundert in Form einer Wasserburg. Sein Sohn Sander II. Droste zu Senden errichtete das Herrenhaus mit Dreistaffelgiebel, das als ein Vorbild für Bauten der westfälischen Renaissance gilt und das älteste erhaltene dieser Art im Münsterland ist. Ein Förderverein kümmert sich um den Erhalt des Schlosses, es kann von außen besichtigt werden, eine Innenbesichtigung und/oder Führung ist nach Voranmeldung möglich.
Kontakt: Verein Schloss Senden e. V., Holtrup 3, 48308 Senden, ✆ 0157/5808-4274, 🌐 www.schloss-senden.de

▸ Holländerwindmühle
Die Geschichte der dreigeschossigen Holländerwindmühle in Ottmarsbocholt geht auf das 16. Jahrhundert zurück, als 1549 Heinrich von Ascheberg die Erlaubnis zugesprochen wurde, auf seinem Grund eine Windmühle zu bauen. Die heutige Mühle stammt jedoch von 1858, sie ersetzte die alte, durch einen Sturm zerstörte Mühle. Bis 1971 gab es hier einen Müllerbetrieb. Heute wird die Mühle bewohnt.

Bohlenwege führen durch das Venner Moor

Museum

▸ Spieker und Backhaus

Im früheren Stroh- und Kornspeicher in Ottmarsbocholt, der vom Heimatverein in Schuss gehalten wird, befindet sich ein kleines Heimatmuseum. Unter anderem ist die alte Kirchturmuhr aus der Ottmarsbocholter Pfarrkirche zu sehen. Im Backhaus wird an jedem zweiten Samstag im Monat Brot im Holzofen gebacken und verkauft. Wer möchte lässt sich das Bäckerhandwerk zeigen.

Adresse: Auf der Horst, 48308 Senden-Ottmarsbocholt

Freizeit & Natur

▸ Angeln

Angelfreunde können Tageskarten für den Dortmund-Ems-Kanal und weitere Gewässer erwerben.

Kontakt:

Angelfachgeschäft Hanfland, Mühlenstraße 7, 48308 Senden, ✆ 02597/98706, 🌐 www.angelsport-hanfland.de

Hechtfreunde Angelzentrum Münsterland, Siemensstraße 2, 48308 Senden, ✆ 02597/6903107, 🌐 www.hechtfreunde.de

Kanufahren
Mit dem Kanu kann man auf der „alten Fahrt" des Dortmund-Ems-Kanals und dem Flüsschen Stever paddeln.
Kontakt: Kanutouren und -verleih Sportbox Senden, Daimlerstr 13, 48308 Senden, 0160/91527939, www.sportbox-senden.de

Klettern
Im BigWall Kletterzentrum Münsterland mit rund 800 m² Kletterfläche und 15 m Wandhöhe können sich Kletterfreunde in der Vertikalen erproben.
Kontakt: Im Südfeld 2, 48308 Senden-Bösensell, 02536/341168, www.bigwall.de

Minigolf
Auf dem Campingplatz steht der Minigolfplatz in den Sommermonaten für jeden offen.
Kontakt: Schöne Freizeit KranenCamp, Industriestraße 14, 48308 Senden-Gettrup, 02597/239, www.kranencamp.de

Naturschutzgebiete Venner Moor und Davert
Das 148 ha große Naturschutzgebiet Venner Moor mit seiner besonderen Flora und Fauna ermöglicht Wanderungen durch Hochmoor, Feuchtheiden und Bruchwäldern. Auch der Davert, ein naturbelassenes Wald- und Wiesengebiet, lädt zu Rad- und Wandertouren ein.

Radfahren
Rund 300 km markierte Rad- und Wanderwege gibt es rund um Senden. Die regionalen Radrouten *100 Schlösser Route* und auch die *Dortmund-Ems-Kanal-Route* durchqueren die Gemeinde. Hinzu kommen fünf *Pättkestouren* zwischen 20 und 40 km Länge durch die vier Ortsteile der Gemeinde Senden.
Informationen: www.100schloesserroute.de

Blühendes Wollgras im Venner Moor

Reiten

Auf dem Landhof Große Hellmann dreht sich fast alles um Ponys und Pferde und ein Nostalgie-Café lädt zum Verweilen ein.
Kontakt: Brock 7, 48308 Senden-Bösensell, 02536/341140, www.grosse-hellmann.de

Schwimmen

Das „cabrio Senden – Das Bad" macht seinem Namen mit seinem aufschiebbaren Dach alle Ehre. Dadurch wird aus dem Hallenbad ein Freibad. Besondere Attraktionen sind eine 70 m lange Rutsche mit Zeitmessung, ein Solebecken und eine Textilsauna.
Kontakt: Bulderner Straße 15, 48308 Senden, 02597/9391810, www.cabriosenden.de

SwinGolf & SpielGolf

Auf dem Hof Grothues-Potthoff gibt es viele Spielmöglichkeiten im Freien. Neben Schach und Boule kann man hier auch SwinGolf und SpielGolf spielen.
Beim SwinGolf muss der Ball mit möglichst wenigen Schlägen über eine Spielbahn von 95 bis 222 m in ein Loch befördert werden. SpielGolf ist eine kleine Variante des „richtigen Golfspiels", die Bahnen sind größer als beim Minigolf und aus Kunstrasen, es gibt Hindernisse wie Hügel und Mulden.
Im Hof Grothues-Potthoff gibt es auch ein Hofcafé und eine Hofbäckerei.
Kontakt: Potthoff 4–6, 48308 Senden, 02597/696420, www.hof-grothues-potthoff.de

Veranstaltungen & Feste

Einen **Karnevalsumzug** gibt es in Ottmarsbocholt am Sonntag vor Weiberfastnacht. Das **Maifest „Senden tischt auf"** wird am zweiten Samstag und Sonntag im Mai gefeiert. Am letzten Samstag im August finden im Wechsel der **Sendener Lichterabend** oder **Street-Live** statt.

Sendenhorst

(Kreis Warendorf)

Die Stadt Sendenhorst (13 200 Einwohner) besteht aus den Stadtteilen Sendenhorst und Albersloh. Die Stadt in der Nähe zu Münster ist ca. 700 Jahre alt und war über 140 Jahre eine Stadt der Brennereien (Sendenhorster und Münsterländer Korn). Hier standen Kamine, Brennerei- und Wirtschaftsgebäude, die im Rahmen der Stadtsanierung abgerissen wurden.

Tourist Information Stadt Sendenhorst
Kirchstraße 1
48324 Sendenhorst
02526/303122
www.sendenhorst.de

Sehenswertes

Haus Siekmann

Haus Siekmann (1882), dessen Geschichte sich bis ins 14. Jahrhundert zurückverfolgen lässt, steht unter Denkmalschutz und war eine ehemalige Hofstelle. Hier befinden sich heute Kulturzentrum und Begegnungsstätte für die Bürger der Stadt.
Kontakt: Förderverein Haus Siekmann e.V., Jürgen Krass, Rudolf-Harbig-Straße 7, 48324 Sendenhorst, 02526/950564

Ehemalige Kaiserliche Posthalterei

Von 1690 bis 1910 lagen die Postgeschäfte in Sendenhorst in der Hand der Familie Bonse. Die Reitpostlinie von Frankfurt nach Münster passierte Sendenhorst.
Adresse: Südstraße 22, 48324 Sendenhorst

Schornstein an der Westenpromenade

Der denkmalgeschützte Schornstein an der Westen-Promenade erinnert an das traditionelle Gewerbe der Kornbrennerei.

▸ Pfarrkirche St. Martin und Altes Pastorat
Die neugotische Backsteinkirche wurde als Nachfolgerin einer romanischen Kirche, die nach einem Stadtbrand abgerissen wurde, 1855 bis 1865 erbaut. Das Alte Pastorat wurde 1807 bis 1812 im klassizistischen Stil errichtet.
Adresse: Kirchstraße 11, 48324 Sendenhorst

Freizeit & Natur

▸ Ballonfahren
Der erfahrene Ballonpilot Bernhard Borgmann bietet Fahrten im Heißluftballon an.
Kontakt: Bernhard Borgmann, ☏ 02526/950913 oder über die Tourist Information, ☏ 02526/303122

▸ Brennereipfad
Sendenhorst galt lange als die Stadt der Brennereien und ist die Heimat des Sendenhorster oder auch des Münsterländer Korns. Auf dem Brennereipfad kann diese Tradition wiederentdeckt werden.
Kontakt: Tourist Information, ☏ 02526/303122

Die Kaiserliche Posthalterei

▸ Naturschutz- und Naherholungsgebiet Schmetkamps Hof
Ein Baumlehrpfad, ein Bauerngarten, Biotope, Bienenhäuschen, Baumlehrpfad, Bauerngarten und Bürgerschützenwald vermitteln an 15 Stationen Wissen über die Natur und laden ein, aktiv zu werden.
Adresse: Ahlener Damm 5, 48324 Sendenhorst

Der Werse Rad Weg führt am Wersestrand von Sendenhorst entlang

▸ PoolBall®, FußballGolf, SwinGolf
Freizeitspaß für jedermann bieten die Eventsportarten PoolBall® (einer Kombination aus Poolbillard und Fußball),

FußballGolf (einer Kombination aus Golf und Fußball) und SwinGolf (Golf ohne große Etikette).
Kontakt: Landhotel Bartmann, Bracht 3, 48324 Sendenhorst, 02526/1228, www.eventsport24.de

Radfahren
Die Landschaft und zahlreiche Rundrouten durch und rund um Sendenhorst laden zu Ausflügen mit dem Fahrrad ein. Besonders schön sind der *Werse Rad Weg* entlang dem Flüsschen Werse, die *100 Schlösser Route* sowie der *Ostkurs – Radfahren zwischen Pferdekoppeln und Gartenlandschaften.*
Informationen: www.werseradweg.de, www.100schloesserroute.de

Reiten
In Sendenhorst und Albersloh gibt es für Freunde des Reitsports zwei Reit- und Fahrvereine.
Kontakt:
Reit- und Fahrverein Albersloh e. V., Hohe Ward 5, 48324 Sendenhorst-Albersloh,

Ruhe findet man in der Parkanlage des St. Josefstifts

02535/1243, www.rv-albersloh.de
Reit- und Fahrverein Sendenhorst e. V., Alter Postweg 3, 48324 Sendenhorst, 02526/937027, www.rv-sendenhorst.de

Veranstaltungen & Feste

Beim **Martini-Gänsemarkt** in Sendenhorst im November gibt es nicht nur Gänsegeschnatter, auch Marktbeschicker, ein Künstlerzelt und Unterhaltung werden geboten.

Stadtlohn

(Kreis Borken)

Die Stadt Stadtlohn (20 700 Einwohner) liegt im Berkeltal im westlichen Münsterland nahe der niederländischen Grenze. Die Stadt bildete sich im 12. Jahrhundert um die Pfarrkirche St. Otger, einer der ältesten im Münsterland, die auf einem befestigten Amtshof des Fürstbischofs von Münster stand. Der Name Stadtlohn wurde 1389 erstmals urkundlich erwähnt. In der früheren Ackerbürgerstadt waren die Töpferei und die Leineweberei traditionelle und verbreitete Handwerksberufe, die hier auch heute noch heimisch sind.

SMS Stadtmarketing Stadtlohn e. V.
Dufkampstraße 11
48703 Stadtlohn
02563/87866
www.stadtmarketing-stadtlohn.de

Sehenswertes

Haus Hakenfort
Das 1805 erbaute, frühklassizistische Haus Hakenfort ist das älteste Haus Stadtlohns. Heute wird es als Ausstellungsraum und Konzertsaal genutzt und der

Die Berkel fließt durch Stadtlohn

SMS Stadtmarketing Stadtlohn e.V. mit Touristeninformation ist hier untergebracht.
Kontakt: Dufkampstraße 11, 48703 Stadtlohn, 02563/2740

Alter Wasserturm
Der hoch aufragende alte Wasserturm aus Backstein wurde 1929/30 erbaut und dient heute als Wohnhaus.
Adresse: Eschstraße, 48703 Stadtlohn

Hilgenbergkapelle
Die Hilgenbergkapelle (1695) aus Baumberger Sandstein ist ein Zeugnis barocker Baukunst. Bis zum Diebstahl des Gnadenbildes 1886 war sie ein bedeutsames Wallfahrtsziel im Münsterland. Am ersten Sonntag im Juli ist der Stadtlohner Wallfahrtstag.
Adresse: Kapellenplatz 8, 48703 Stadtlohn

Museen

Siku-, Audi- und Oldtimermuseum
Über 60 Old- und Youngtimer v.a. der Marke Audi, über 12 500 Siku-Modelle von 1951 bis heute, über 1000 WIKING-Modelle sowie über 9500 Audi-Modelle (Auto-Union, DKW, Horch, NSU, Wanderer und Lamborghini) in den Maßstäben 1:160 bis 1:5 lassen die Herzen von Oldtimer- und Modellautofans höher schlagen.
Kontakt: Siku- und Audi-Modellautomuseum, Thomas Höing, Von-Ardenne-Straße 42, 48703 Stadtlohn, 02563/205929, www.automodelle-hoeing.de

Eisenbahnmuseum
Hier erfährt man alles über die Westfälische Landeseisenbahn von den Plänen zum Bau der Strecke bis zur letzten Fahrt am 31. Januar 1988. Die Ausstellung befindet sich in der ehemaligen Güterabfertigung und dem Lokschuppen der WLE.
Kontakt: Bahnallee 4, 48703 Stadtlohn, www.ecsev.de,

Drehorgel- und Flötenuhrensammlung
Eine Sammlung von selbstgebauten Drehorgeln und Flötenuhren befindet sich in Privatbesitz von Bruno Visser und kann auf Anfrage besichtigt werden.
Kontakt: Bruno Visser, 02563/7923

Freizeit & Natur

Diorama zur Schlacht im Lohner Bruch
Die Schlacht im Lohner Bruch bei Stadtlohn am 6. August 1623 war eine der bedeutendsten im Dreißigjährigen Krieg. Eine Miniaturwelt mit ca. 16 000 Figuren veranschaulicht auf 12 qm originalgetreu die Schlacht. Der

Ausstellungsraum befindet sich in der früheren Marienschule.
Kontakt: Stadtarchiv, 02563/97797 o. Stadtlohner Heimatverein, 02563/4992070

Losbergpark

Das Park- und Freizeitgelände bietet viele Möglichkeiten für Sport, Spaß und Naherholung: von Spazierwegen und Rodelberg über Spielplatz, Skater- und Minigolfanlage, Beachvolleyballfeld, Jedermann-Tennisplätze bis hin zum Kneippbecken. Ein kleiner See, Vogelvolieren und eine Parkbahn komplettieren das Angebot.

Radfahren

Um die Umgebung vom Fahrradsattel aus zu genießen, gibt es viele Möglichkeiten für Radtouren: Der *Europaradweg R1* geht entlang der Berkel mitten durch Stadtlohn, auch die *Radwanderroute Westmünsterland*, die *agricultura Erlebnisroute* sowie die *100 Schlösser Route* führen an Stadtlohn vorbei.
Informationen: www.r1-radweginfo.de, www.agri-cultura.net, www.100schloesserroute.de

Reiten

Pferdefreunde finden in Stadtlohn ausgeschilderte Reitwege und die Möglichkeit zu geführten Touren. Eine Reithalle, ein Dressurviereck und zwei Reitplätze stehen beim Reitverein St. Martin Stadtlohn zur Verfügung. Heilpädagogisches Reiten und Voltigieren wird in der Johannes-Reithalle Fortuna angeboten.

Idyllische Stadtansicht von Stadtlohn

Kontakt:
ZRFV „St. Martin“ Stadtlohn e. V., Losberg 1, 48703 Stadtlohn, 02563/6564, www.reitverein-stadtlohn.de
Reitsportverein Fortuna e. V., Johannesreithalle, Uferstraße 27, 48703 Stadtlohn, 02563/98775, www.johannesreithalle.de

Wandern
Der *Kommiesenpatt* auf alten Zöllner- und Schmugglerpfaden entlang der deutsch-niederländischen Grenze lädt ebenso zum Wandern ein wie die vielen „Pättkes“ rund um Stadtlohn.

Veranstaltungen & Feste

Höhepunkt im Stadtlohner Karneval ist der **Große Rosenmontagsumzug.**
Die **Stadtlohner Kirmes** findet am ersten Wochenende im Juli (Samstag bis Montag) statt. Am dritten Sonntag im Oktober, dem **Kiepenkerl-Sonntag,** treffen sich die Kiepenkerle aus der Region, es werden alte Handwerkskunst und Brauchtum präsentiert.

Steinfurt

(Kreis Steinfurt)

Die Stadt Steinfurt (34 000 Einwohner) im Münsterland wurde 1975 aus den Städten Borghorst und Burgsteinfurt gebildet. Burgsteinfurt, um 890 erstmalig erwähnt, ist die Stadt mit der ältesten Hochschule Westfalens. Im Schutze der gräflichen Burg entstand die Marktsiedlung „Statt o Stenvorde“. Borghorst war bereits im 8. Jahrhundert besiedelt und taucht 968 erstmalig in einer Urkunde auf. In der ehemaligen Ackerbürgerstadt entstanden im Industriezeitalter viele Webereien, Spinnereien, Nähereien und Stickereien.

Steinfurt Marketing + Touristik e. V.
Markt 2
48565 Steinfurt
02551/1383
www.steinfurt-touristik.de

Sehenswertes

Schloss Steinfurt
Die Wasserburg aus dem 12. Jahrhundert ist eine der mächtigsten und schönsten im Münsterland. Aufgrund ihrer wechselhaften Geschichte weist sie Elemente aus Romanik, Rokoko und Klassizismus auf. In der Burgfreiheit entstand die Siedlung „Statt o Stenvorde“, die Keimzelle Burgsteinfurts. Die Burg wird von der Familie des Fürsten zu Bentheim und Steinfurt bewohnt.
Adresse: Burgstraße 16, 48565 Steinfurt-Burgsteinfurt

Altes Rathaus
Auf dem Marktplatz von Burgsteinfurt steht das alte Rathaus aus dem Jahr 1561, das nach dem münsterischen Vorbild gebaut wurde. Es weist Stilelemente der Renaissance und der Gotik auf. Auffällig sind der treppenartige Giebel mit Fialen und Zierornamenten sowie der Glockenturm mit Spitzhelm. Die darin befindliche Glocke war ursprünglich für die Große Kirche bestimmt. Sie schlägt zur halben und vollen Stunde.
Adresse: Markt 2, 48565 Steinfurt-Burgsteinfurt

Stadtweinhaus
Das vom Grafen von Bentheim-Steinfurt 1445 errichtete Weinhaus liegt gegenüber dem alten Rathaus am Markt. Der Graf nutzte es für Gäste, Schützenfeste und andere Feierlichkeiten. Hier wurde auch gegen eine Abgabe an den Grafen Wein verkauft, daher stammt der Name des Gebäudes. Seine heutige Stuckfassade mit Jugendstil- und Barockelementen erhielt es 1912.

Am Marktplatz von Burgsteinfurt stehen pittoreske historische Gebäude

Adresse: Markt, 48565 Steinfurt-Burgsteinfurt

▸ Hohe Schule

Im historischen Stadtkern von Burgsteinfurt befindet sich die ehemalige Hochschule aus dem Jahr 1591. Sie wurde von Graf Arnold IV. zunächst in Schüttorf als Lateinschule gegründet und dann nach Steinfurt verlegt und zur Akademie erhoben, sie war die erste reformierte Hochschule Westfalens. Heute beherbergt das imposante Gebäude, das Merkmale der Renaissance aufweist, die Musikschule und die Volkshochschule.
Adresse: An der Hohen Schule 14, 48565 Steinfurt-Burgsteinfurt

▸ Pfarrkirche St. Nikomedes

Auf dem Borghorster Kirchplatz thront die katholische Pfarrkirche St. Nikomedes mit ihrem 95 m hohen Turm. Die Hallenkirche im neugotischen Stil wurde anstelle der ehemaligen Stiftskirche des Damenstiftes Borghorst 1885 bis 1894 erbaut.
Adresse: Kirchplatz 3, 48565 Steinfurt-Borghorst

▸ Haus Buckshook

Ein typisches dörfliches Weberhaus stellt Haus Buckshook in Borghorst aus dem Jahr 1657 dar.
Adresse: Buckshook 4, 48565 Steinfurt-Borghorst

▸ Hollicher Windmühle

Die Kappenwindmühle aus dem Jahr 1858 im Ortsteil Hollich wurde vom „Förderkreis Hollicher Mühle" liebevoll restauriert und kann von innen und außen besichtigt werden.
Kontakt: Hollich 146, 48565 Steinfurt, Johann Nefigmann, ✆ 0160/4715659

Das Torhaus von Schloss Seinfurt

▸ Niedermühle Burgsteinfurt
Sie ist eines der ältesten Bauwerke in Steinfurt: 1352 wurde sie erstmals urkundlich erwähnt und war Teil der mittelalterlichen Stadtbefestigung. Trotz vieler Widrigkeiten war sie bis Mitte des 20. Jahrhunderts in Betrieb. Der Heimatverein pachtete und restaurierte die Mühle. Anhand eines Mahlgangs können Besucher die Mühlentechnik „von Korn zum Mehl“ kennenlernen.
Kontakt: An der Niedermühle, 48565 Steinfurt, Gottfried Bercks, ✆ 02551/5021

Museen

▸ Stadtmuseum
Die Stadtgeschichte vom Mittelalter bis ins 20. Jahrhundert steht im Mittelpunkt dieses Museums, das der Heimatverein Burgsteinfurt betreut: Hier erfährt man nicht nur vieles über das Leben der Steinfurter Bürger und Grafen, der Professoren und Studenten, sondern auch über die Kreuzritter oder das Bagno.
Kontakt: An der Hohen Schule 13, 48612 Steinfurt-Burgsteinfurt, ✆ 02551/5987

▸ ☺ Heimathaus Borghorst
Im ehemaligen Rathaus von Borghorst (1887) befindet sich das Heimatmuseum. Hier werden das bäuerliche Leben und Arbeiten, altes Handwerk und die Welt der Textilindustrie anschaulich dargestellt, z. B. in einem Tante-Emma-Laden, einer Spinn- und Webstube, einer Schusterwerkstatt oder einer Holzschuhmacherei. Das alte Rathaus

ist auch Domizil des Borghorster Heimatvereins.
Kontakt: Münsterstraße 7 48565 Steinfurt-Borghorst, 02552/3495 o. 3607

HeinrichNeuyBauhausMuseum
Das Museum im ehemaligen Stiftskurienhaus zeigt Entwürfe und Arbeiten von Bauhausschülern und -lehrern aus den Bereichen Architektur, Kunst und Design. Im Mittelpunkt stehen Werke des Bauhaus-Künstlers Heinrich Neuy, der zuletzt in Borghorst lebte.
Kontakt: Kirchplatz 5, 48565 Steinfurt-Borghorst, 02552/9958-309, www.heinrich-neuybauhausmuseum.de

Freizeit & Natur

Bagno
Graf Karl Paul Ernst zu Bentheim-Steinfurt ließ im 18. Jahrhundert die exotische Gartenlandschaft des Bagno als Lustgarten schaffen. In dessen Mitte befand sich der erste Sommersitz des Grafen, umgeben von Wassergräben, Spielen, Volieren. In der Folgezeit entstanden die Konzertgalerie, das Amphitheater und die Fontäne mit chinesischem Teich.
Der Garten wurde für die Bevölkerung zugänglich gemacht. Unter Sohn Ludwig wurde der Garten weiter ausgebaut nach französischen und englischen Gestaltungsprinzipien. Nach dem Ende der Grafschaft Steinfurt verfiel der Garten zunehmend und wurde erst seit Ende des 20. Jahrhunderts wieder hergerichtet, die älteste freistehende Konzertgalerie Europas wurde restauriert. Heute ist das Bagno eine der schönsten Freizeitanlagen des Münsterlandes mit Bagno-Rundgang, Veranstaltungen in der Konzertgalerie, Sportmöglichkeiten und Walderlebnispfad für Kinder (1,5 km, 21 Informationstafeln über den Lebensraum Wald).
Kontakt: Hollich 156, 48565 Steinfurt

Blaudruckwerkstatt
Die Technik des Textildrucks war im Münsterland weit verbreitet. In der Werkstatt in Burgsteinfurt kann man alles über das historische Handwerk des Blaudrucks erfahren, die vielfältige Auswahl an Erzeugnissen bewundern und sogar nach eigenen Wünschen anfertigen lassen.
Kontakt: Kirchstraße 4, 48565 Steinfurt, Frau Rehaag, 0175/8362204 o. 02551/6372

Kreislehrgarten
Der liebevoll gestaltete Kreislehrgarten mitten in Steinfurt mit unterschiedlich gestalteten Themengärten lässt das Herz aller Garten- und Naturliebhaber höher schlagen.
Kontakt: Wemhöferstiege 33, 48565 Steinfurt, 02551/833388, www.kreislehrgarten-steinfurt.de

Planwagenfahrt
Mit Pferdestärken sich gemütlich zu romantischen Schlössern und historischen Mühlen kutschieren lassen, das kann man bei einer Planwagenfahrt.
Kontakt: Steinfurt Marketing + Touristik e. V., 02551/1383

Radfahren
Mit dem Fahrrad auf gut ausgebauten und ausgeschilderten Radwegen durch das Münsterland, vorbei an sehenswerten Orten, Sehenswürdigkeiten und einzigartigen Landschaften, das bieten ihnen die regionalen und überregionalen Radrouten: *Rund um Steinfurt* (50 km), *RadBahn Münsterland* (40 km von Rheine nach Coesfeld), *100 Schlösser Route* (960 km durch die Parklandschaft des Münsterlandes), *Radroute Historische Stadtkerne* (300 km, zu fünf historischen Stadtkernen), *Aa-Vechte-Tour* (zwischen den Flüsschen Aa und Vechte).
Informationen: www.radbahn-muensterland.de, www.100schloesserroute.de, www.radroute-historische-stadtkerne.de

▸ Schwimmen
Bewegung und Abkühlung findet man in Steinfurt in zwei Bädern: dem Kombibad im Ortsteil Borghorst, das ganzjährig geöffnet ist und über Innen- und Außenbecken verfügt, und dem Freibad im Ortsteil Burgsteinfurt, das in den Sommermonaten seine Tore öffnet. In beiden Bädern gibt es neben Schwimmbecken auch Rutsche, Whirlliegen und Wasserspiele.
Kontakt:
Kombibad, Gräfin-Bertha-Straße 13, 48565 Steinfurt-Borghorst, 02552/2115
Freibad, Tecklenburger Straße 48, 48565 Steinfurt-Burgsteinfurt, 02551/2411, www.swst.de

▸ Wandern
Auf Schusters Rappen die Umgebung von Steinfurt erkunden, das ermöglichen z. B. der *Mühlenrundweg* mit 10,2 km Länge und der *Konzertgalerie-Rundweg* mit 15,2 km Länge.
Das Waldgebiet Buchenberg ist ein Naherholungsgebiet zwischen Burgsteinfurt und Borghorst zum Wandern, Durchatmen und Naturgenießen. Vom Aussichtsturm am Liethweg lässt man den Blick auf Borghorst schweifen. Abwechslung bietet der *Waldtierlehrpfad* am Lietwanderweg.

Veranstaltungen & Feste

Der Frühlingsbeginn im April wird in Borghorst mit dem **Brunnenfest** gefeiert.
Auf dem **Leinen- und Handwerkermarkt** im Mai gibt es alte Handwerkskunst wie den Blaudruck oder das Korbflechten zu sehen und zu kaufen.
Zum **Schweinemarkt** im September gibt es ein buntes Markttreiben in der Stadt, ein Höhepunkt sind das Schweinemobil und die Schweinerallye.

Südlohn

(Kreis Borken)

Die Gemeinde Südlohn (9100 Einwohner) mit den Ortsteilen Südlohn und Oeding liegt im westlichen Münsterland nahe der niederländischen Grenze. 1969 wurden diese beiden Gemeinden zusammengeschlossen, die bereits über sechs Jahrhunderte, zwischen 1231 und 1883, zusammengehörten. Südlohn ist auf dem Gebiet eines fürstbischöflichen Haupthofes entstanden. Im industriellen Zeitalter gründeten sich in beiden Ortsteilen Webereien, die für wirtschaftlichen Aufschwung sorgten.

SOMIT Südlohn Oeding
Marketing Information und Touristik e. V.
Burgring 29
46354 Südlohn
02862/417626
www.suedlohn.de

Sehenswertes

▸ Turmwindmühle Menke
Die hölzerne Mühle wurde 1812 als Achtkant-Holländer gebaut. Seit 1865 ist sie im Besitz der Familie Menke, Maschinen und Einrichtungen sind noch erhalten. Auch das Müllerhaus steht noch. Besichtigungen sind möglich.
Kontakt: Förderverein Menke Mühle e. V., Windmühlenstraße 4, 46354 Südlohn, 02862/898989, www.menke-muehle.de

▸ Burg Oeding
Burg Oeding ist die Keimzelle des Ortes Oeding. Sie wurde 1371/72 von Johann von Gemen errichtet (nachdem ihre Vorgängerin geschleift wurde) und bestand aus Haupt- und Vorburg. In ihrem Schutz siedelten sich

Nur der Turm blieb von der Burg Oeding erhalten

Menschen an. 1854 wurden die Gebäude abgerissen und Gräften und Umflut zugeschüttet, nur der Turm und Teile des Gewölbes blieben erhalten. Der restaurierte Turm dient heute als Hotel.
Adresse: Burgplatz 1, 46354 Südlohn-Oeding

▸ Pfarrkirche St. Jakobus
Die im neoromanischen, späthistoristischen Stil erbaute Kirche in Oeding von 1911 verbindet romanische und barocke Elemente.
Adresse: Jakobistraße 6, 46354 Südlohn-Oeding

▸ Haus Lohn
Das von Gräften umgebene Herrenhaus von 1795 fand erstmals 1357 als Rittergut Erwähnung. Der frühklassizistische Adelssitz in Südlohn ist im Privatbesitz der Familie Geuking und wird bewohnt.
Adresse: Haus Lohn 1, 46354 Südlohn

Freizeit & Natur

▸ ☺ Maislabyrinth & Bauerngolf
Die 8-Loch-Bauerngolfanlage in Südlohn ist die erste dieser Art in Deutschland. Hier wird mit Holzschuh-Schläger, Lederball und Bollerwagen Golf der anderen Art gespielt. Das angrenzende Maislabyrinth ist für Jung und Alt ein großer Spaß.
Kontakt: Fam. Wellig, Borkener Straße 4, 46354 Südlohn, ✆ 02862/89142, 🌐 www.maislabyrinth-suedlohn.de

Die Einrichtung des 200 Jahre alten Achtkant-Holländers ist noch heute erhalten

▸ Radfahren & Wandern
Die Umgebung Südlohns aus dem Fahrradsattel kennenlernen, erwandern oder vom Wasser aus erkunden, das kann man auf folgenden Routen: Die *Flamingoroute* führt durch beschauliche Dörfer und Naturschutzgebiete mit ausgedehnten Mooren, Heiden und Feuchtwiesen. Auf grenzüberschreitenden Wegen der *agri-cultura Erlebnisroute* kann man Landkultur erleben. Die *FlussLand Achterhoerk* bietet Grenzerlebnisse entlang der Flüsse Aa, Berkel, Schlinge und Ijssel. Der Wanderweg *Kommiesenpatt* führt auf alten Zöllner- und Schmugglerpfaden entlang der deutsch-niederländischen Grenze.
Informationen: 🌐 www.flamingoroute.com, 🌐 www.agri-cultura.net

▸ ☺ Turmhaus-Schokoladenmanufaktur
Im Turmhaus darf man den Chocolatiers bei der Arbeit zusehen und die süßen Produkte direkt verkosten. In Pralinenkursen kann man sogar eigene Kreationen herstellen. Zudem gibt es eine Dokumentation zum Kakaoanbau in Peru.
Kontakt: TURMHAUS Genusserlebnisse GmbH, Eschstraße 35, 46354 Südlohn, ☏ 02862/980000, 🌐 www.turmhaus.com

▸ Verborgener Garten
An verschiedenen Gartenräumen und -kulturen, Blütenpracht und Gemüsevielfalt kann man sich im Privatgarten der Familie Rensing erfreuen, angefangen vom Hausgarten über den Gemüsegarten bis hin zum Spiegelgarten.

Kontakt: Eschlohner Straße 7, 46354 Südlohn, 02862/7305, www.privatgarten-familie-rensing.com

Veranstaltungen & Feste

Am Samstag des Karnevalswochenendes zieht ein **Karnevalsumzug** durch die Südlohner Ortsmitte.
Die **Südlohner Kirmes** findet immer am Sonntag an oder nach St. Vitus (15. Juni) statt und der Kirmeskrammarkt am Montag nach St. Vitus.
Am 1. Sonntag im Juni werden im Rahmen der **Hüttentour Südlohn-Oeding** zwölf der Wander- und Schutzhütten von örtlichen Gastronomen bewirtet und zwar mit abwechslungsreichen kulinarischen Angeboten (37,5 beschilderte Kilometer).
Die **Herbst-Meile** ist ein Mittelaltermarkt in Oeding am letzten Samstag und Sonntag im Oktober.

Tecklenburg

(Kreis Steinfurt)

Die Stadt Tecklenburg (9600 Einwohner) mit den Ortschaften Brochterbeck, Ledde, Leeden und Tecklenburg liegt im nördlichen Westfalen am Teutoburger Wald. Ihr Name leitet sich von der Burg Tecklenburg und den Grafen von Tecklenburg ab. So ist der Ort auch im Schutz der Burg entstanden, er wurde 1226 erstmals urkundlich erwähnt und erhielt 1388 die Stadtrechte. Der historische frühneuzeitliche Stadtkern von Tecklenburg mit den vielen Fachwerkhäusern im Schatten der Burg ist besonders sehenswert.

Tecklenburg Touristik GmbH
Markt 7
49545 Tecklenburg
05482/93890
www.tecklenburg-touristik.de

Am Fuße der Burg gelegen: die Stadt Tecklenburg

Ausblick in das schöne Münsterland

Sehenswertes

▸ Historische Altstadt
In der malerischen Altstadt von Tecklenburg entdeckt man in den verwinkelten Gassen viele Fachwerkhäuser aus dem 16. bis 18. Jahrhundert. Eindrucksvoll ist das Torhaus Legge (1677) mit seinem markanten Torbogen. Hier befand sich im 17. Jahrhundert eine Leinenprüfanstalt („Legge").
Von der alten Burganlage (um 1100) aus hat man einen schönen Blick auf den Ortskern.

▸ Wasserschloss Haus Marck
Der von Gräften umgebene Herrensitz unterhalb des Südwesthangs des Teutoburger Waldes stammt aus dem 14. Jahrhundert. 1547 diente er als kaiserliches Hauptquartier. 1643 fanden hier die Vorverhandlungen zum Westfälischen Frieden statt. Seine heutige Form erhielt das Gebäude 1754. Haus Marck ist außerdem das Geburtshaus von Friedrich von Bodelschwingh d. Ä. (1831–1910), dem späteren Leiter der Betheler Anstalten.
Kontakt: Haus Marck 1, 49545 Tecklenburg, ✆ 05482/925773, 🌐 www.haus-marck.de

▸ Bismarckturm
Der Bismarckturm (1909) war ursprünglich eine Windmühle aus dem Jahr 1851, sie brannte jedoch 1906 durch einen Blitzschlag aus und wurde später zum Turm ausgebaut.

Museen

▸ Otto Modersohn Museum Tecklenburg
Seit 2015 hat am historischen Marktplatz in Tecklenburg das Otto Modersohn Museum

Tecklenburg (OMMT) seine Türen geöffnet. Hier werden Werke des Landschaftsmalers Otto Modersohn gezeigt, der seit den 1880er-Jahren wegen familiärer Beziehungen häufig in Tecklenburg weilte.
Kontakt: Markt 9, 49545 Tecklenburg, 05482/9262160, www.ommt.de

Puppenmuseum
Untergebracht in einem historischen Fachwerkhaus von 1684 findet sich die wohl wertvollste Puppensammlung Nordrhein-Westfalens. Hier gibt es Vieles aus der Welt der Puppen zu sehen. Den Weg hierhin weisen Kopfsteinpflastersteine mit Puppenkopf darauf.
Kontakt: Wellenberg 1, 49545 Tecklenburg, 05482-703700, www.puppenmuseumtecklenburg.ev.ms

Stiftsmuseum Leeden
Im Stiftshaus von Leeden befindet sich das Zisterzienser- und Stiftsmuseum, in dem über das adlige Damenstift Leeden und das Zisterzienserinnenkloster Leeden informiert wird.
Kontakt: Stift 19, 49545 Tecklenburg, 05481/37843, www.heimatvereinleeden.de

Freizeit & Natur

Abenteuergolf
Abenteuergolf ist eine Mischung aus Golf, SwinGolf und Minigolf, es wird auf Kunst-

Die Krummacherstraße in der malerischen Altstadt von Tecklenburg

rasenbahnen oder Holzbohlen gespielt. In der Tecklenburger Anlage gibt es 21 interessante Parcours, die für großen Spaß bei Jung und Alt sorgen.
Kontakt: Königstraße 4, 49545 Tecklenburg, 0160/3046935, www.abenteuergolf-tecklenburg.de

Freilichtbühne
In der denkmalgeschützten Burgruine Tecklenburgs wird im Sommer Musiktheater vom Feinsten geboten und das schon seit über 90 Jahren. Die Freilichtbühne ist größtenteils überdacht und bietet über 2000 Sitzplätze.
Kontakt: Schlossstraße 7, 49545 Tecklenburg, 05482/220, www.freilichtspiele-tecklenburg.de

Golf
Im Golfclub Tecklenburger Land e.V. im Naturpark Teutoburger Wald gelegen, können Golffreunde auf neun Bahnen mit anspruchsvoller Topographie „einlochen".
Kontakt: Wallenweg 24, 49545 Tecklenburg, 05455/1035, www.golfclub-tecklenburg.de

Schwimmen
In idyllischer Lage bietet das Waldfreibad in den Sommermonaten Erfrischung und Erholung.
Kontakt: Handal 51, 49545 Tecklenburg, 05482/288

Wandern & Pilgern
Wanderfreunde finden rund um Tecklenburg viele schöne Wege und Routen, z. B. auf dem *Hermannsweg* (70 km auf dem Kamm des Teutoburger Waldes), dem *Westfälischen Jakobsweg* und dem *Töddenweg*.
Informationen: www.hermannshoehen.de, www.jakobsweg.de, www.jakobs-pilger.lwl.org,

Telgte

(Kreis Warendorf)

Die Stadt Telgte (20 130 Einwohner) ist landschaftlich reizvoll direkt am Ufer der Ems gelegen und beeindruckt durch ihre schöne historische Altstadt mit engen Gassen und hübschen Giebelhäusern. Die Stadt ist jährlich das Ziel der rund 100 000 Besucher, die zur Wallfahrtskapelle mit dem Gnadenbild der schmerzhaften Muttergottes pilgern. Den Grundstein für diese Kapelle legte der münsterische Fürstbischof Christoph Bernhard von Galen. Telgte ist einer der ältesten Orte im Münsterland und besitzt seit 1238 die Stadtrechte.

Tourismus + Kultur Telgte
Kapellenstraße 2
48291 Telgte
02504/690100
www.telgte.de

Sehenswertes

Altstadt und Marktplatz
In der historischen Altstadt von Telgte mit dem Marktplatz im Zentrum, der von geschichtsträchtigen Gebäuden umsäumt ist, und mit ihren Denkmälern, „Gängskes und Pättkes" begegnet man der Geschichte auf Schritt und Tritt.

Propsteikirche St. Clemens
Die Propsteikirche, erbaut 1522, ist eine spätgotische Hallenkirche. Ihren heutigen Kirchturm erhielt sie 1876. An Stelle der Hallenkirche stand zuvor eine romanische Kirche aus dem 13. Jahrhundert die um 1500 abbrannte. Das Kreuz (um 1210) im Chorbogen stammt noch aus ihr. Ein Hungertuch von 1623, das über drei Jahrhunderte zur

Die Wallfahrtskapelle St. Marien liegt am Ende der Kapellenstraße

Fastenzeit aufgehängt wurde, befindet sich heute im RELíGIO Museum.
Adresse: Herrenstraße 1–2, 48291 Telgte

▸ Wallfahrtskapelle St. Marien
Der Grundstein dieser barocken achteckigen Kapelle wurde 1654 von Fürstbischof Christoph Bernhard von Galen gelegt. Die Wallfahrtskapelle für die Pieta aus Lindenholz (um 1370) wurde 1657 geweiht. 1763 baute man eine Sakristei an, die 1854 mit der Kapelle verbunden wurde, um Platz für einen Altar und das Gnadenbild der schmerzhaften Muttergottes zu schaffen.
Kontakt: Kardinal-von-Galen-Platz 1, 48291 Telgte, 🌐 www.st-marien-telgte.de

▸ Christoph-Bernsmeyer-Haus
Die „Große Mühle“ (das heutige Christoph-Bernsmeyer-Haus) am Emswehr war eine ehemalige Getreidemühle, die 1754 durch den Barockbaumeister Johann Conrad Schlaun renoviert wurde. Ab 1976/77 wurde sie von den Maurizer Franziskanerinnen bewohnt. Heute ist das Christoph-Bernsmeyer-Haus das Domizil der Schwestern des Ordens Maria Stella Matutina.
Kontakt: Kardinal-von-Galen-Platz 23, 49291 Telgte, ✆ 02504/4704

▸ Haus Langen
Der ehemalige Adelssitz aus dem 16. Jahrhundert besteht aus einer Wasserburg mit

Doppelmühle und Wasserfall. Er liegt am EmsRadweg und kann von außen besichtigt werden.
Adresse: Haus Langen 1, 48291 Telgte

Museen

▸ RELíGIO – Westfälisches Museum für religiöse Kultur
Im Museum für religiöse Kultur und Praxis in Westfalen stehen der Mensch und der Glauben im Mittelpunkt. Ein bedeutsames Exponat ist das Telgter Hungertuch aus der Propsteikirche St. Clemens.
Kontakt: Herrenstraße 1–2, 48291 Telgte, ✆ 02504/93120, 🌐 www.museum-telgte.de

▸ Kornbrennerei-Museum
Das Kornbrennen war nicht nur in der Telgter Region ein wichtiger Wirtschaftszweig im 19. Jahrhundert. Das Kornbrennerei-Museum zeigt auf anschauliche Weise die Entwicklung der Kornbranntweinbrennereien, ihre soziale, wirtschaftliche und kulturelle Bedeutung. Es befindet sich in einem alten Brennereigebäude von 1900 mitten in der Telgter Altstadt, das bis 1979 als solches fungierte und in dem die technische Anlage noch erhalten ist. Es besteht auch die Möglichkeit einer Verkostung inklusive Führung.
Kontakt: Steinstraße 9 a, 48291 Telgte, Führungen über Tourismus + Kultur Telgte, ✆ 02504/690100

Freizeit & Natur

▸ Alte Goldschmiede
Hier kann man im Rahmen einer Führung vieles über die Gewinnung und Verarbeitung von Gold erfahren.
Kontakt: Gert Salzmann, Ritterstraße 4 a, 48291 Telgte, ✆ 02504/1594

▸ Böttchers Garten
Böttchers Garten ist ein Baum-, Heide-, Stein- und Skulpturen-Park auf dem Gelände einer Baumschule. In der Gartenanlage gibt es Kunst- und Heidegärten, Teiche, Gärtnereien und einen Spielplatz.
Kontakt: Lauheide 20, 48291 Telgte, ✆ 02504/3081

▸ Erholungs- und Naturschutzgebiet
Der Emsauenpark liegt im Naturschutzgebiet **Emsaue** und erstreckt sich vom Stadtkern bis nördlich der Ems.

▸ Flugplatz Berdelhafen
Hier können Motorsegler, Sport- und Ultraleichtflugzeuge starten und landen, von einer Aussichtsterrasse hat man einen Blick auf die Landebahn und in die Umgebung. Es besteht die Möglichkeit, Rundflüge zu buchen.
Kontakt: Berdel 53, 48291 Telgte, ✆ 02504/72001, 🌐 www.flugplatz-muenster-telgte.de

▸ Kanutouren auf der Ems
Die Ems schlängelt sich durch Telgte und die schöne Landschaft der Umgebung und lädt zu Kanutouren ein. Es gibt zahlreiche geeignete Streckenabschnitte mit vielen Ein- und Ausstiegsstellen.
Kontakt: Tourismus + Kultur Telgte, ✆ 02504/690100

▸ Golf
Der Golfclub Gut Hahues zu Telgte e. V. befindet sich in Telgte-Vechtrup. Der Platz hat zwölf Spielbahnen (6 blau, 6 rot) und bietet die Möglichkeit für zwei Spielvarianten.
Kontakt: Harkampsheide 5, 48291 Telgte-Vechtrup, ✆ 02504/72326, 🌐 www.golfclub-telgte.de

RELíGIO, das Museum für religiöse Kultur ▸

RELíGIO
SONDERAUSSTELLUNG
ABERGLAUBE
von A wie „Amulett" bis
Z wie „Zweites Gesicht"
ARTvisite 28./29. Juli
mit den Künstlerinnen
Iris Stephan & Ines Braun
Freitag, 13. Juli,
bis 23. September
2012
Apollinaris
Flammkuchen

▸ Radfahren
Ein dichtes Radwegenetz bietet vielfältige Möglichkeiten für Touren durch bzw. rund um Telgte, so der *EmsRadweg*, die *100 Schlösser Route*, die *Friedensroute* und der *Europaradweg R1*. Die Telgter Routen bieten sieben Rundkurse an, die alle auf dem Marktplatz beginnen und enden.
Informationen: www.emsradweg.de, www.100schloesserroute.de, www.friedensroute.de, www.r1-radweginfo.de

▸ Reiten
Pferdesport wird in der Region großgeschrieben. Durch den Kreis Warendorf führt eine 200 km lange Reitroute, die Teil der 1000 km langen *Münsterland-Reitroute* ist. Rast- und Reitstationen, Reiterhöfe und Landgasthöfe liegen am Wegesrand. In Telgte gibt es auch eine Pferdeklinik.
Kontakt:
Draußenreitschule „Die Memiph's", Borgesch 30, 48291 Telgte, 0178/2943253, www.die-memiphs.de
Hermann-Josef Schulze Hobeling, Grevener Str. 161, 48291 Telgte, 02504/8640, www.schulzehobbeling.de
Islandpferdehof Vertherland, Lützowstraße 243, 48157 Münster, 0251/3270060, www.vertherland.de
Reit- und Fahrverein Gustav Rau Westbevern e. V., Sickerhook 27, 48291 Telgte, 02504/983686, www.rv-gustav-rau.de
Reitanlage Böckenholt, Kiebitzpohl 18, 48291 Telgte, 02504/4611, www.reitanlage-boeckenholt.de
Reitanlage Burlage, Lütken Heide 32, 48291 Telgte, 02504/8651, www.reitanlage-burlage.de
Reitanlage Holtkötter, Kötterstraße 120, 48157 Münster, 0251/328505, www.reitanlage-holtkoetter.de

▸ Schwimmen
Im Sommer lädt das Waldschwimmbad Klatenberg mit seinen Grünflächen und schattigen Plätzen zum Abkühlen und Erfrischen ein.
Kontakt: Waldweg 40, 49291 Telgte, 02504/1891

▸ Töpferei Schäfer
In diesem Familienbetrieb wird seit 1888 das Töpferhandwerk auf der Drehscheibe ausgeübt.
Kontakt: Grabenstraße 22, 48291 Telgte, 02504/1757

▸ Wallfahrt
Die Wallfahrtskapelle mit dem Gnadenbild der schmerzhaften Muttergottes ist ein jährlich von 100 000 Pilgern besuchtes Wallfahrtsziel. Die Telgter Wallfahrtsgilde bietet viele nützliche Informationen und Angebote für Pilger wie Kreuzwege, Pilgerwege etc. Auch der *Jakobsweg* führt von Bielefeld über Telgte bis nach Wesel (4. Weg).
Informationen: www.wallfahrtsgilde-telgte.de, www.jakobsweg.de

Veranstaltungen & Feste

„Komm auf die Wiese, Luise!" ist das Motto des traditionellen **Stadtfestes** der Telgter Kaufmannschaft Hanse, das an einem Sonntag im Mai/Juni für ein buntes Treiben mit Bühnen und geöffneten Geschäften in der Altstadt sorgt.
Beim traditionellen Volksfest mit **Kirmes** zum Mariä-Geburts-Markt im September verwandelt sich das Marktgelände von Telgte in ein riesiges Kirmesgelände. Der beliebte **Mariä-Geburts-Markt** wird am Dienstag nach dem Kirmeswochenende abgehalten.
Jährlich findet am zweiten Sonntag nach Peter und Paul (29. Juni) die **Telgter Wallfahrt** satt, eine Marienwallfahrt von Osnabrück nach Telgte, und eine **Kutschenwallfahrt** an Christi Himmelfahrt.

Velen

(Kreis Borken)

Die Stadt Velen (13 200 Einwohner), ein Zusammenschluss der ehemaligen Gemeinden Ramsdorf und Velen, liegt im westlichen Münsterland und ist ein staatlich anerkannter Erholungsort. Beide Orte entstanden schon vor rund 1000 Jahren, Velen um 890 und Ramsdorf um 1050. Die Landwirtschaft war der hauptsächliche Broterwerb sowie die Handweberei ein wichtiger Zuerwerb. Aus letzterer entwickelte sich im 19. Jahrhundert mit der maschinell betriebenen Textilindustrie ein wichtiger Wirtschaftszweig.

Tourist-Info und GiG-Marketing Velen-Ramsdorf e. V.
Ramsdorfer Straße 19
46342 Velen
02863/926219
www.velen.de

Sehenswertes

▸ Burg Ramsdorf
Die Burg wurde 1425 für den Fürstbischof Heinrich von Moers erbaut, jedoch 1451 wieder zerstört. Das Gebäude in seiner heutigen Form stammt von 1727, nur Reste der alten Burg aus dem 15. Jahrhundert wie der runde Eckturm sind erhalten geblieben.
Adresse: Burgplatz 1, 46342 Velen-Ramsdorf

Das malerische Wasserschloss Velen gleicht einem Märchenschloss

Schloss Velen
Die mittelalterliche Burg in Velen von 1245 wandelte sich im Laufe der Zeit zum sogenannten „Märchenschloss des Münsterlandes, das sich im Besitz der Familie Landsberg-Velen befindet. Zum Schloss gehört der 55 Hektar große Velener Tiergarten, der früher Jagdterrain der Adligen war, sowie die Orangerie, die von Johann Conrad Schlaun entworfen wurde. Nach einem Brand 1931 wurde das Schloss nach alten Plänen wieder hergerichtet. Heute ist es das Domizil des Hotels SportSchloss Velen.
Kontakt: Schloßplatz 1, 46342 Velen, 02863/203-0, www.sportschlossvelen.de

Schlossmühle Velen
Die ehemalige Wassermühle des Schlosses Velen am Zusammenfluss von Thesingbach und Vennbach zur Bocholter Aa wurde erstmals im Jahre 1473 in einer Besitzurkunde des Freiherrn von Velen erwähnt. Ihr Baujahr dürfte aber im 13. Jahrhundert liegen. Bis zum Jahre 1910 wurde die Wassermühle als Kornmühle betrieben und ist heute ein beliebtes Fotomotiv. Nach unterschiedlichen Nutzungen wurde die Mühle durch die Schlossmühle Velen GbR zum Wohnhaus mit Mühlencafé und -museum umfunktioniert.
Kontakt: Heidener Landweg 29, 46342 Velen, 02863/9248938, www.schlossmuehle-velen.de

Museum

Lebendiges Museum
An fünf Standorten des Lebendigen Museums rund um Velen und Ramsdorf lässt sich die Geschichte des Handwerks und der Landwirtschaft hautnah miterleben. Das Heimatmuseum in der ehemals fürstbischöflichen Burg Ramsdorf, die alte Schmiede Beckmann im Ortskern von Ramsdorf, die Sägemühle am Gut Roß sowie die Sammlungen landwirtschaftlicher Geräte auf den Höfen Picker-Warnsing und Tenk-Dröning laden zum lebendigen Museumserlebnis ein.
Kontakt: Verkehrsverein Velen Ramsdorf e. V., 02863/926-219, www.velen.de

Freizeit & Natur

Arche-Hof Hoffstädte
Der Bauernhof Hoffstädte kümmert sich um den Erhalt und die Pflege von vom Aussterben bedrohter Nutztierrassen, wie Glanvieh, Thüringer Waldziege, Emdener Gänse oder Meißner Widder. Hofführungen sind nach telefonischer Absprache möglich.
Kontakt: Hedwig und Ludger Hoffstädte, Südlohner Diek 64, 46342 Velen-Ramsdorf, 02863/924858, www.arche-nord-west.de

Mensings Alte Backstube
1842 wurde die Bäckerei Mensing in Ramsdorf gegründet. Aus der Alten Backstube entwickelte sich nach Verlagerung der Produktion in den 1990er-Jahren ein kleines Museum mit historischen Bäckereimaschinen, in dem auch Gruppen bewirtet werden können.
Kontakt: Kurze Straße 9, 46342 Velen, www.baeckerei-mensing.de

Kutsch- & Planwagenfahrten
Mit Planwagen oder Kutsche kann man die Umgebung von Velen Ramsdorf erkunden.
Kontakt: Große-Wolter, Coesfelder Straße 107, 46342 Velen, 02863/1058

Radfahren
An der deutsch-niederländischen Grenze gelegen, bietet Velen ein gut ausgebautes, teils grenzüberschreitendes Radewegenetz: Die *agri-cultura Erlebnisroute* lädt zur

Für Abkühlung im Sommer sorgt das Freibad in Velen

Erkundung der landwirtschaftlich geprägten Region ein. Der ca. 50 km lange *Bocholter Aa Radweg* führt entlang der Aa von Velen nach Isselburg. Die *100 Schlösser Route* führt zu den schönsten Schlössern, Burgen und Herrensitzen im Münsterland. Die *Naturpark Hohe Mark Route* verbindet Velen mit neun Orten der Ferienregion.

Informationen: www.agri-cultura.net, www.100schloesserroute.de, www.hohemark-westmuensterland.de

Schwimmen

Zwei Freibäder in Velen und Ramsdorf sorgen im Sommer für Abkühlung und Badevergnügen.

Kontakt: Landsbergallee 50 & Velener Straße 47, 46342 Velen-Ramsdorf

Veranstaltungen & Feste

Der **Walburgismarkt** in Ramsdorf findet jährlich am letzten Sonntag im Mai statt.

Am ersten Sonntag im September verwandelt sich der Burgplatz in Velen-Ramsdorf in einen großen **Büchermarkt.** Hier kann man nach altem und neuem Lesestoff stöbern, auch Schallplatten, CDs etc. werden von Privatverkäufern angeboten.

Alljährlich am zweiten Sonntag im Oktober findet im Ortskern die traditionelle **Kolle Kaermes** mit Musik, Attraktionen und verkaufsoffenem Sonntag statt.

Vreden

(Kreis Borken)

Die Stadt Vreden (22 600 Einwohner) im westlichen Münsterland an der Grenze zu den Niederlanden hat eine fast 1200-jährige Geschichte. Sie wurde erstmals im Zusammenhang mit der Gründung des Stiftes Vreden im Jahr 839 genannt und erhielt 1252 die Stadtrechte, wobei ihr Name sich im Laufe der Jahrhunderte mehrfach veränderte von Frethenna, Vrethen, Frehde, Vredena, Vreede, Vreeden bis zum heutigen Vreden. Neben seiner bemerkenswerten Museumslandschaft ist Vreden mit seinen Vennen und Mooren auch Heimat der nördlichsten Flamingokolonie weltweit.

Vreden-Stadtmarketing GmbH
Markt 7
48691 Vreden
02564/4600
www.stadtmarketing-vreden.de

Sehenswertes

Stiftskirche St. Felizitas
Im 9. Jahrhundert wurde in Vreden ein hochadeliges Damenstift gegründet, das bis 1810 bestand. Das Stift bildete die Urzelle Vredens. Die frühromanische Stiftskirche stammte aus dem 11. Jahrhundert, sie wurde im Zweiten Weltkrieg schwer beschädigt, die barocke Innenausstattung zerstört. 1947 bis 1952 baute man die Kirche wieder auf. Bemerkenswert sind u. a. die ottonische Hallenkrypta und das Vredener Hungertuch von 1619. Das Portal stammt von St. Georg.
Adresse: Kirchplatz 1, 48691 Vreden

Die nödlichste Flamingobrutkolonie weltweit befindet sich im Zwillbrocker Venn

Pfarrkirche St. Georg
Die katholische Pfarrkirche St. Georg mit dem Antwerpener Flügelaltar war eine ehemals spätgotische Hallenkirche, die im Zweiten Weltkrieg zerstört wurde. Auf den Fundamenten von insgesamt sechs Vorgängerkirchen (die älteste von 820) wurde 1952 bis 1957 die heutige Kirche gebaut. In der Krypta kann man die Ergebnisse der archäologischen

Untersuchungen zu den Vorgängerkirchen besichtigen.
Kontakt: Katholische Kirchengemeinde St. Georg, Kirchplatz 1, 48691 Vreden, 02564/883810, www.stgeorgvreden.de

Barockkirche St. Franziskus
Die Kirche ging aus einer Missionsstation, eingerichtet durch Münsters Bischof von Galen, hervor. 1717 bis 1748 wurde schließlich die Barockkirche St. Franziskus in Zwillbrock gebaut, sie gilt als die besterhaltene barocke Baukunst der Region.
Kontakt: Zwillbrock 9, 48691 Vreden, 02564/968230, www.barockkirche.de

Rathaus
Im barocken Herrenhaus (nebst neuem Anbau), das auf den Resten einer fürstbischöflichen Burg erbaut wurde, befindet sich heute das Rathaus.
Adresse: Markt 6, 48691 Vreden

Museen

Miniaturschuhmuseum Wessels
Dieses einmalige und außergewöhnliche Museum zeigt die Entwicklung und Herstellung von Fußbekleidung von den Anfängen bis heute und präsentiert neben Schuhmacherhandwerkzeugen die größte Miniaturschuhsammlung weltweit.
Kontakt: Tante Mientje Wohnaccessoires und mehr, Neustraße 16, 48691 Vreden, 02564/4964, www.wessels-schuhe.com

SchereSchnittMuseum
Hermann Gebing sammelte über ca. 30 Jahre auf seinen Reisen in der ganzen Welt rund 14 000 Scherenschnitte, die man hier bewundern kann.
Kontakt: Markt 6, 48691 Vreden, 02564/9508927, www.scherenschnittmuseum.de

Heimathaus Noldes
Mitten im Ortskern vom Kringdorf Ammeloe, das ringförmig um den Kapellenplatz angeordnet ist, befindet sich im Heimathaus Nolde ein „Tante-Emma-Laden" von ca. 1880. Seit 1972 ist der Laden geschlossen, aber sein Inventar blieb erhalten. Der Heimatverein hat das Haus sorgfältig renoviert und öffnet Besuchern die Türen dieses authentisch eingerichteten Ladens nebst Gaststätte, Backstube und angrenzendem Bauerngarten.
Kontakt: Heimatverein Ammeloe, Am Kring 20, 48691 Vreden-Ammeloe, 02564/1038

kult Westmünsterland
Das ehemalige Hamaland-Museum, ein Bauernhofmuseum, das ehemalige Kreismuseum des Kreises Borken sowie weitere kulturelle Institutionen wie Archive, Denkmalpflege und Kulturabteilung sind im Projekt „kult – Kultur und lebendige Tradition Westmünsterland" unter einem Dach zusammengefasst. Das Museum präsentiert Leben und Arbeiten im Grenzland von Westmünsterland und den Niederlanden.
Kontakt: Kirchplatz 14, 48691 Vreden, 02564/9899100

Freizeit & Natur

Angeln
Angelmöglichkeiten gibt es beim Anglerparadies Zwillbrock mit kleinem und großem Teich sowie am Berkelsee (Gastkarten über Stadtmarketing).
Kontakt: Angelparadies Zwillbrock, Zwillbrock 40 a, 48691 Vreden, 02564/950102, www.angelparadies-zwillbrock.de

Freizeitgebiet Berkelsee
Der Berkelsee, nur 2 km vom Stadtzentrum entfernt, bietet Naherholung pur: Hier kann man baden, wandern, angeln und spielen. Es gibt auch Sandstrand und eine Strandbar.

Kanutouren auf der Berkel sind beliebt

‣ Bootsfahrten, Segwaytouren & Bosseln
Kanutouren auf der Berkel von Vreden bis Rekken (oder noch weiter) in den Niederlanden bietet das Stadtmarketing Vreden im Sommer an. Auch Schlauchboottouren mit dem Fun Boat sind möglich. Wer lieber an Land bleibt, kann auf dem Segway die Umgebung erkunden. Im Winter stehen Bosseltouren, auch Klootschmieten genannt, auf dem Programm.
Kontakt: Stadtmarketing, ✆ 02564/4600

‣ Flugplatz Stadtlohn-Vreden
Hier kann man Rundflüge, Ballonfahrten und Fallschirmspringen buchen.
Kontakt: Wennigfeld 41, 48703 Stadtlohn, ✆ 02563/3333, 🌐 www.flugplatz-stadtlohn.de

‣ ☺ Maislabyrinth & Bauerngolf
An der Flamingoroute in Vreden-Zwillbrock betreibt Familie Beuting ein Maislabyrinth mit fünf Stationen. Außerdem gibt es hier einen Bauerngolf-Parcours mitten auf der Weide zwischen Kühen und anderen Weidetieren. Spaß ist garantiert!
Kontakt: Fam. Beuting, Zwillbrock 55, 48691 Vreden, ✆ 0175/2607544, 🌐 www.zwillbrockirrgarten.de

‣ Naturschutzgebiete
Mehrere Naturschutzgebiete können rund um Vreden erwandert und erkundet werden und bieten besondere Naturerlebnisse:
Im **Zwillbrocker Venn** kann man rund um den Lachmöwensee die artenreiche Vogelwelt beobachten. Eine große Besonderheit ist die Flamingokolonie.

Im Naturschutzgebiet **Schwatte Gatt** im Ortsteil Köckelwick befindet sich mitten im Heide-, Moor- und Waldgebiet ein schöner Seerosenteich.
Das **Ammeloer Venn** in Wennewick ist ein ehemaliges Hochmoor, das durch Feuchtheiden, Birkenwälder sowie Wiesen und Weiden geprägt ist. Es kann umwandert (nicht durchwandert) werden.
Auf der **Lüttener Fischteich-Wanderung** kann man zahlreiche ökologische Kostbarkeiten entdecken. Ein Steg dient als Beobachtungsplattform seltener Pflanzen und Tiere.
Das große Waldgelände **Fürstenbusch** des Fürsten Salm-Salm in Großemast ist von zahlreichen Wanderwegen durchzogen.
Auch die **Doemer Höchte** in Doemern lädt zu Exkursionen ein.

▸ Schwimmen
Ganzjähriges Schwimm- und Badevergnügen bieten das kombinierte Frei- und Hallenbad in Vreden mit Spiel- und Spaßbereichen.
Kontakt: Frei- und Hallenbad am Sportzentrum, Ottensteiner Straße 64, 48691 Vreden, 02564/2719

▸ Radfahren
Neben den regionalen Rundtouren sowie den Premium-Routen, der *agri-cultura Erlebnisroute* und der *100 Schlösser Route,* die durch Vreden führen, ist ein besonderes Highlight die *Flamingoroute.* Sie führt auf 450 km Radwegen durch Moore, Heiden, Feuchtgebiete, Naturschutzgebiete und Ortschaften zwischen Enschede und Borken.
Informationen: www.agri-cultura.net, www.100schloesserroute.de, www.flamingoroute.com

▸ Zwillbrocker Venn
Im Naturschutzgebiet Zwillbrocker Venn kann man freilebende Flamingos sowie viele andere Vögel und Tiere beobachten. Hier befindet sich nicht nur eine Flamingobrutkolonie, sondern auch die größte Lachmöwenkolonie Deutschlands.
Kontakt: Biologische Station Zwillbrock e.V., Zwillbrock 10, 48691 Freden, 02564/9860-0, www.bszwillbrock.de

Veranstaltungen & Feste

Das wichtigste Fest im Jahr ist die **Vredener Kirmes,** die von Samstag bis Montag am ersten September-Wochenende in der Innenstadt stattfindet und jährlich viele Besucher anlockt. Ursprünglich als Kirchweihfest gefeiert, findet immer eine Andacht und Prozession statt. Am Sonntag gibt es einen Krammarkt.
Im März gibt es zudem einen Frühjahrsmarkt, den **Heimattag** und im Oktober einen Herbstmarkt, den **Hamalandtag.**

Wadersloh

(Kreis Warendorf)

Zur Gemeinde Wadersloh (12 400 Einwohner) gehören die Ortsteile Wadersloh, Diestedde und Liesborn. Die pferdereiche Region im südlichen Münsterland hält für Ross und Reiter viele Angebote bereit. Die Geschichte der Gemeinde geht bis ins 9. Jahrhundert zurück, erstmals erwähnt wurde sie 1187. Von alters her bis in die Mitte des 20. Jahrhunderts war Wadersloh von der Landwirtschaft geprägt.

Gemeinde Wadersloh
Liesborner Straße 5
59329 Wadersloh
02523/9501182
www.wadersloh.de

Sehenswertes

▸ Abteikirche Ss. Cosmas und Damian
Die Abtei Liesborn wurde um 815 als Damenstift gegründet und war ein mächtiges Kloster. 1131 wurde es in eine Benediktiner-Abtei umgewandelt, welche bis zur Säkularisierung 1803 bestand. Vom Kloster erhalten sind die gotische Hallenkirche aus dem 15. Jahrhundert (Abteikirche Ss. Cosmas und Damian) mit romanischem Turm (um 1100) sowie das barocke Abteigebäude. Hierin befindet sich das Museum Abtei Liesborn.
Adresse: Abteiring 8, 59329 Wadersloh

▸ Pfarrkirche St. Margareta
Die katholische Pfarrkirche St. Margareta mit ihren imposanten Ausmaßen und dem 72 m hohen Turm ist von weitem sichtbar. Die dreischiffige Hallenkirche wurde nach den Plänen Wilhelm Rincklakes 1890 bis 1894 im neogotischen Stil erbaut. An ihrer Stelle stand zuvor die alte Dorfkirche, die zu klein geworden war. Bereits im 9. Jahrhundert gab es hier eine Kirche.
Adresse: Kirchplatz 6, 59329 Wadersloh

▸ Schloss Crassenstein
Erstmals tritt die Burg im Jahr 1177 urkundlich in Erscheinung, Burggraf von Stromberg ließ sie zum Schutz seiner Ländereien und des Klosters erbauen. Ab dem 15. Jahrhundert wechselten die Besitzer und Nutzungen des Wasserschlosses mehrfach und es erfuhr diverse Umbauten. Das Schloss kann nur von außen besichtigt werden.
Adresse: Am Schloss, 59329 Wadersloh

Museum

▸ Museum Abtei Liesborn
Das Museum Abtei Liesborn des Kreises Warendorf beherbergt eine einzigartige Sammlung von mehr als 800 Kreuzigungsdarstellungen u. a. von Beuys, Chagall, Dali und Bacon sowie Tafelbilder von Liesborn aus dem 15. und von niederländischen Malern aus dem 17. Jahrhundert. Auch Exponate regionaler und gegenwärtiger Künstler werden gezeigt.
Kontakt: Abteiring 8, 59329 Wadersloh-Liesborn, ☏ 02523/98240, 🌐 www.museum-abtei-liesborn.de

Freizeit & Natur

▸ ☺ Sinnespark
Der Sinnespark soll den „Er-Lebensraum“ der Bewohner des St. Josef-Hauses, aber auch aller Besucher durch unterschiedliche Sinneserfahrungen mithilfe von Klangsäulen, Duftkugeln, Partnerschaukeln, Impulskugeln u. v. m. bereichern.
Adresse: Königstraße 1, 59329 Wadersloh-Liesborn

▸ ☺ Reiten
Das Münsterland ist bekannt und beliebt für seine schönen und abwechslungsreichen Reitwege. Der Abschnitt Ahlen-Beckum-Wadersloh auf der 1000 km langen *Münsterland-Reitroute* führt über 71 km von den Beckumer Bergen bis ins Lippetal und weiter. Reit- und Fahrvereine bieten zudem in Wadersloh Reitstunden, Planwagenfahrten etc. an.
Kontakt:
Zucht-, Reit- und Fahrverein St. Georg Wadersloh e. V., Winkelstraße 53, 59329 Wadersloh, ☏ 02523/7118, 🌐 www.ZRF-Wadersloh.de
Fahrsport Königsbusch, Königsbusch 2, 59329 Wadersloh, ☏ 02523/940-007, 🌐 www.koenigsbusch.de
Reit- und Fahrverein Diestedde-Herzfeld e. V., Beckumer Straße 44 a (Reitanlage), 59510 Lippetal, ☏ 0170/7375896, 🌐 www.reitverein-diestedde-herzfeld.de

▸ Radfahren
Wadersloh ist der ideale Startpunkt für Ausflüge mit dem Rad. 16 Themenrouten zwischen 13 und 56 km Länge starten und enden in Wadersloh. Die Radtour *Bildstöcke und Wegekreuze* führt auf 30 km durch die Bauerschaften Waderslohs. Außerdem findet man Anschluss an die überregionalen Radrouten *100 Schlösser Route* und über die *Solequellen-Schleife* an die *Römer-Lippe-Route*.
Informationen: www.100schloesserroute.de, www.roemerlipperoute.de

Veranstaltungen & Feste

Seit Jahrzehnten finden jährlich im Mai und Juni die **Liesborner Museumskonzerte,** ein Kammermusik-Festival, in der ehemaligen Abtei Liesborn statt.
Alljährlich im Sommer werden im und um das Museum Abtei Liesborn beim **Handwerkstag** alte Handwerksberufe wie Glasbläser, Knopfmacher, Seiler, Zuckerbläser, Hutmacher, Stuhlflechter, Bürstenmacher u. v. m. gezeigt. Man kann auch Produkte erwerben.
Am vorletzten Wochenende im September gibt es von Freitag bis Montag das **Wadersloher Herbsttreiben mit Margaretenkirmes** rund um die Margaretenkirche und dem traditionellen **Kartoffel-Sonntag,** bei dem sich alles um die tolle Knolle dreht.

Warendorf

(Kreis Warendorf)

Die Stadt Warendorf (38 000 Einwohner) mit ihrer pittoresken mittelalterlichen Altstadt liegt an der Ems im Norden Westfalens und des Münsterlandes. Sie ist überregional als „Stadt des Pferdes“ bekannt. Die Tradition und Verbundenheit zu Pferden und Reitsport legte schon 1826 der Preußenkönig Friedrich Wilhelm III. mit der Gründung des Nordrhein-Westfälischen Landgestüts in Warendorf. Jährlich ziehen die Hengstparaden des Landesgestütes viele Besucher an. Neben dem Reitsport hat das Handwerk in Warendorf eine lange Tradition. Im Mittelalter war die Stadt Mitglied der Hanse, die Gold- und Silberschmiedekunst war bedeutend, aber auch die Leineweberei.

Tourist-Information
Emsstraße 4
48231 Warendorf
02581/545454
www.warendorf.de

Sehenswertes

▸ Historischer Marktplatz mit Rathaus
Die gut erhaltene historische Altstadt von Warendorf mit dem Marktplatz, an dem Gebäude aus sechs Jahrhunderten und verschiedenen Stilepochen zu bewundern sind, und ihren mittelalterlichen Gassen und Plätzen lädt zu einem Entdeckungsrundgang durch die Geschichte der Stadt ein. Der Marktplatz begeistert mit den markanten Hausfronten mit Treppen- und Blendgiebeln und Verzierungen (z. B. „Drachenköppe“). Das gotische Rathaus stammt von 1404 und erlebte mehrere Umbauten.

▸ Bentheimer Turm
Der Bentheimer Turm (ca. 1300) ist der letzte von fünf Türmen der ehemaligen Stadtbefestigung und diente der Bürgerwehr zur Selbstverteidigung. Sein Name geht zurück auf die Grafen von Bentheim-Tecklenburg.
Adresse: Bentheimer Turm, 48231 Warendorf

▸ Ackerbürgerhaus
Das stattliche Fachwerkhaus in Freckenhorst von 1548/49 steht als Ackerbürgerhaus inmitten einer Fachwerkgruppe ehemaliger Handwerkerhäuser.
Adresse: Gänsestraße 1, 48231 Warendorf-Freckenhorst

▸ Freckenhorster Schloss
Das barocke Schloss in Nachbarschaft zur Stiftskirche Freckenhorst wurde 1740 für die Äbtissin Clara Franziska von Westerholt-Lembeck erbaut und ist nach wie vor im Besitz der Familie von Westerholt, die es bewohnt. Es ist daher nur von außen zu besichtigen.
Adresse: Stiftshof 5, 48231 Warendorf-Freckenhorst

▸ Stiftskirche St. Bonifatius
Die fünftürmige Stiftskirche St. Bonifatius in Freckenhorst aus dem 11. Jahrhundert wird von den Bewohnern auch Bauerndom genannt und gilt als einer der bedeutendsten romanischen Kirchenbauten in Westfalen. Der Taufstein aus dem 12. Jahrhundert ist der besterhaltene in Deutschland.
Adresse: Stiftshof 2, 48231 Warendorf-Freckenhorst

▸ St. Laurentius
Die Pfarrkirche St. Laurentius wurde nach dem Stadtbrand von 1404 errichtet (1404–1471), das Altarbild stammt aus dem Jahr 1430, der Glockenturm aus dem 12. Jahrhundert.
Adresse: Kirchstraße, 48231 Warendorf

Fachwerk in der malerischen Altstadt

Pittoresk, die Klosterstraße in Warendorf

▸ Franziskanerkirche mit Klosteranlage
Fürstbischof Christoph Bernhard von Galen legte 1652 den Grundstein für die Franziskanerkirche, 1673 kam der Klosterbau hinzu. Sehenswert ist das barocke Klosterportal. Das Kloster beherbergt heute das Westpreußische Landesmuseum.
Kontakt: Klosterstraße 30, 48231 Warendorf, 🌐 www.kloster-warendorf.de

▸ Kloster Vinnenberg mit Wallfahrtskirche Mariä Geburt
Vinnenberg ist einer der ältesten Marienwallfahrtsorte im Bistum Münster und zieht bis heute viele Pilger an. Die Wallfahrtskirche Mariä Geburt befindet sich im ehemaligen Zisterzienserkloster von 1250. Das Kloster wird nicht mehr von Benediktinerinnen bewohnt, es steht Gästen als Ort geistiger Begegnung und als Veranstaltungsstätte offen.
Kontakt: Beverstrang 37, 48231 Warendorf-Milte, ✆ 02584/919950, 🌐 www.kloster-vinnenberg.de

Museen

▸ Dezentrales Stadtmuseum
In fünf Museumsobjekten – dem historischen Rathaus (Markt 1), dem Gadem (Zuckertimpen 4), dem Bürgerhaus des Klassizismus (Klosterstraße 7), der Fabrikantenvilla Bispinck (Münsterstraße 19) und dem Torschreiberhaus (Oststraße 59) – werden Leben und Arbeiten in alter Zeit veranschaulicht.
Kontakt: Horst Breuer, ✆ 02581/541410

In der „Stadt des Pferdes" ist das NRW-Landesgestüt zuhause

▸ Westpreußisches Landesmuseum
Die Geschichte und Kultur der historischen Provinz Westpreußen (heute zu Polen gehörend) stehen im Mittelpunkt dieses Museums, das sein Domizil im ehemaligen Franziskanerkloster hat.
Kontakt: Klosterstraße 21, 48231 Warendorf, ☏ 02581/92777-0, 🌐 www.westpreussisches-landesmuseum.de

▸ Heinrich Friederichs Museum
In seinem Geburts- und Elternhaus, einem Ackerbürgerhaus aus dem 16. Jahrhundert, sind die Werke des Bildhauers Heinrich Friederichs zu besichtigen.
Kontakt: Oststraße 47, 48231 Warendorf, ☏ 0251/311781, 🌐 www.heinrich-friederichs-museum.de

Freizeit & Natur

▸ Angeln
In und um Warendorf finden Angelfreunde mehrere Gewässer zum Angeln. Die Ems verfügt über große Artenvielfalt, im Emssee gibt es große Weißfischbestände. Außerhalb von Warendorf versprechen der Axtbach, der Gröblinger See, der See am Butterpatt und der Feldmarksee Fangerfolge. Ein Angelschein und ein Erlaubnisschein sind erforderlich.
Kontakt: Zoo & Co, Warendorf Düsternstraße 1, 48231 Warendorf

▸ Ballonfahren
H2 Ballooning bietet von Warendorf aus Ballonfahrten an.

Kontakt: Himke Hilbert, Dominik Haggeney, Heckenweg 12, 48231Warendorf, 0251/4585725, http://ballon.team

Golf

Zwei Golfplätze gibt es in Warendorf, den Warendorfer *Golfclub an der Ems* und den öffentlichen *Golfpark Heidewald*. Hier können geübte Golfer spielen (Grundregeln müssen beherrscht werden) und Anfänger Kurse belegen.
Kontakt: Golf in Warendorf, Vohren 41, 48231 Warendorf, 02586/1792, www.warendorfer-golfclub.de, www.golfpark-heidewald.de

Kanufahren

Die Ems fließt durch Warendorf und bietet sich für vergnügliche Kanutouren an. Eine Kanueinsatzstelle befindet sich am Parkplatz Lohwall, nördlich der Altstadt, in Einen und Telgte gibt es Haltepunkte.
Kontakt: Warendorf Marketing, 02581/545454

Pilgern

Der *Jakobsweg* (Weg 4) von Bielefeld nach Wesel führt über Warendorf. Stempelstellen in Warendorf sind das Stadtmarketing, das Westpreußische Landesmuseum, die Kirche St. Laurentius und die Kirche St. Bartholomäus. Pilgerunterkünfte vermittelt das Warendorf Marketing GmbH – Tourist Information.
Informationen: www.jakobspilger.lwl.org

Radfahren

Warendorf im östlichen Münsterland ist an zahlreiche Rund- und Fernradwege angeschlossen: an den *Europaradweg R1*, an die *100 Schlösser Route*, an die *Radroute Historische Stadtkerne*, an den *EmsRadweg* und an die *Grenzgängerroute*.
Informationen: www.r1-radweginfo.de, www.100schloesserroute.de, www.radroute-historische-stadtkerne.de, www.emsradweg.de, www.grenzgaengerroute.de

Reiten

Warendorf, die „Stadt des Pferdes", bietet für Pferde und Pferdefreunde beste Voraussetzungen. In Warendorf sind das Nordrhein-Westfälische Landesgestüt beheimatet sowie das Deutsche Olympiade-Komitee für Reiterei (DOKR) und die Deutsche Reiterliche Vereinigung (FN). Die ausgedehnte *Warendorfer Reitroute* bietet Sterntouren für Ross und Reiter durch die Warendorfer Parklandschaft mit vielen Rast- und Reitstationen am Wegrand. Außerdem gibt es mehrere Reiterhöfe in Warendorf.
Kontakt:
Ponyreiten für Kinder:
Hof Lohmann, Gronhorst 10, 48231 Warendorf-Freckenhorst, 02581/92894-0
Hof Heseker, Vohren 92, 48231 Warendorf, 02581/8995
Hof Erlemeyer, Westbezirk 82, 48231 Warendorf, 02581/2378
Reiterhöfe und -vereine:
Dream West, Hörste 14, 48231 Warendorf-Milte, 02584/584 o. 0171/6022842
Dressur- und Ausbildungsstall Austermann, Vohren 18, 48231 Warendorf
Freizeitbauernhof Erlemeyer, Westbezirk 82, 48231 Warendorf, 02581/2378
Hof Schulze Niehues, Fachschule Reiten, Flintrup 3, 48231 Warendorf-Freckenhorst, 02581/4151

Schwimmen

Zwei Bäder stehen in Warendorf und Freckenhorst zum Spaßbaden, Sport- und Fitnessschwimmen offen.
Kontakt:
Hallenbad, Von-Ketteler-Straße 32, 48231 Warendorf, 02581/633239
Freibad, Breuelweg 5, 48231 Warendorf, 02581/3569

▸ **Segway**
Mit dem Segway durch Warendorf gleiten, die Sehenswürdigkeiten und die Umgebung erkunden, das ermöglicht Segulotion.
Kontakt: Hoetmarer Straße 17, 48231 Warendorf, ✆ 0152/36789166

Veranstaltungen & Feste

Karneval wird in Warendorf groß gefeiert: es beginnt mit der Weiberfastnacht auf dem historischen Marktplatz, über den Rathaussturm am Sonntag, und endet mit dem Rosenmontagsumzug.
Der Feiertag **Mariä Himmelfahrt** (15. August) wird mit Prozession, Marienverehrung, viertägiger Kirmes und Bürgerschützenfest begangen. Besonders sehenswert sind die neun Marienbögen, die festlich beleuchtet werden.
Die **Symphonie der Hengste** im NRW-Landesgestüt mit Warendorfer Pferdeprozession in der Innenstadt findet im August statt.
Ende August/Anfang September werden die **DKB-Bundeschampionate** des Deutschen Olympiade-Komitees für Reiterei (DOKR) ausgetragen.
Am ersten Wochenende im September findet die **Warendorfer Pferdenacht** mit Late Night Shopping in der Innenstadt statt.
An drei Wochenenden im September/Oktober lockt die **Warendorfer Hengstparade** im NRW-Landgestüt zahlreiche Reiter und Pferdefans in die Stadt.
Die fünftägige **Fettmarktkirmes** mit Fettmarktsonntag und Fettmarkt wird Mitte Oktober gefeiert. Im Rahmen der Kirmes gibt es auch ein Reitturnier sowie einen Vieh- und Landmaschinenmarkt und den Altstadttrödelmarkt.
Der **Weihnachtsmarkt** „Warendorfer Weihnachtswäldchen" taucht den historischen Marktplatz im Dezember in weihnachtlichen Glanz.

Werne

(Kreis Unna)

Die Stadt Werne an der Lippe (30 000 Einwohner) im Süden des Münsterlandes liegt zwischen dem von Grünland geprägtem Lippetal und den ackerländisch geprägten Lipper Höhen. Wernes Geschichte beginnt mit dem Bau einer Kapelle um 800 durch Liudger, Bischof von Münster, im Auftrag Karls des Großen. Die Pfarrei Werne wurde 834 urkundlich erwähnt. Die Marktrechte erhielt die Stadt 1362. Mit der Industrialisierung begann in Werne das Zeitalter des Bergbaus. Die „Zeche Werne" förderte bis 1975 Kohle. Bei Bohrungen nach Kohle stieß man 1873 auch auf eine Solequelle, der Werne den Titel Kurbad verdankte.

Werne Marketing GmbH
Tourist-Information
Markt 19
59368 Werne
✆ 02389/534080
www.werne-tourismus.de

Sehenswertes

▸ **Altes Rathaus**
Das Alte Rathaus befindet sich auf dem historischen Marktplatz in Werne. Es wurde 1512 bis 1514 gebaut und ist damit eines der ältesten Steinhäuser der Stadt. Die gotischen Laubengänge standen den Bürgern offen, im oberen Stockwerk befanden sich Ratskammer und Ratsgericht. Auch heute tagt hier der Rat.
Adresse: Markt, 59368 Werne

▸ **Wärmehäuschen am Kirchplatz**
Um 1400 war der Kirchplatz von kleinen Fachwerkhäusern gesäumt, die den Bauern

Markttag auf dem Marktplatz vor dem Alten Rathaus in Werne

aus der Umgebung als Speicher (Spieker) und zum Aufwärmen dienten. Nur einige dieser Fachwerkhäuser überstanden den Brand von 1586.
Adresse: Kirchhof 11, 59368 Werne

‣ Pfarrkirche St. Christophorus
St. Christophorus, früher St. Johannes Bapt., ist eine katholische Pfarrkirche, deren Chor und Schiff das Bild der Werner Altstadt prägen. Die Pfarre besteht seit dem 8. Jahrhundert und gehörte 1139 bis 1803 zum Kloster Cappenberg. In der ersten Hälfte des 15. Jahrhunderts wurden Teile der Kirche sowie der Turm bei einem Brand zerstört und der Westteil um 1450 neu aufgebaut.
Adresse: Kirchhof 1, 59368 Werne

‣ Kapuzinerkloster
Das Kapuzinerkloster wurde 1659 vom Ordensbruder Ambrosius von Oelde erbaut. Die schlichte Klosteranlage entstand 1671

bis 1673, die Klosterkirche St. Petrus und Paul 1677 bis 1680. Im Kloster leben Kapuziner, die Besuchern die Anlage zeigen.
Adresse: Südmauer 5, 59368 Werne

▸ Altes Steinhaus
Das alte Steinhaus am Moormannplatz war das erste Steinhaus in Werne und gehörte dem Drosten (Verwalter) der Abtei Werden an der Ruhr. Heute beherbergt es die Stadtbücherei.
Adresse: Am Steinhaus 11/Moormannplatz, 59368 Werne

Museum

▸ Altes Amtshaus, Karl-Pollender-Stadtmuseum
Das kulturgeschichtliche Museum im Alten Amtshaus von 1691 präsentiert die Stadtgeschichte Wernes von der Vor- und Frühgeschichte über das Mittelalter bis zur Neuzeit. Es ging hervor aus einem kleinen Heimatmuseum, das der Realschullehrer und Heimatforscher Karl Pollender aufbaute.
Kontakt: Kirchhof 13, 59368 Werne, ☏ 02389/780773, 🌐 www.museum-werne.de

Freizeit & Natur

▸ ☺ Freilichtbühne
Die Freilichtbühne Werne von 1959 e.V. spielt in den Sommermonaten im Stadtpark von Werne Kinder- und Familientheater.
Kontakt: Südring 2, 59368 Werne, ☏ 02389/532696, 🌐 www.freilichtbuehne-werne.de

▸ Golf
Die technisch und sportlich anspruchsvolle 9-Loch-Anlage des Golfplatzes Werne a.d. Lippe begeistert durch seine naturräumliche Flächen Golf- und Naturfreunde gleichermaßen.
Kontakt: Kerstingweg 10, 59368 Werne, ☏ 02389/539060, 🌐 www.golfplatz-werne.de

▸ Gradierwerk
Am Werner Stadtpark gibt es ein Gradierwerk. Über die Rieselwand aus Schwarzdorn fließt die Sole und bildet den Solenebel, der gut für die Gesundheit ist. Man kann hier flanieren, ruhen und inhalieren.
Kontakt: Am Hagen 2, 59368 Werne

▸ ☺ Minigolf
Die Minigolfanlage nahe dem Stadtwald bietet Spaß für Groß und Klein.
Kontakt: Goetheweg 12, 59368 Werne, ☏ 02389/9649985, 0173/2633242

▸ Pilgern
Werne liegt auf dem baltisch-westfälischen *Jakobsweg*. Den Stempel gibt es im Kapuzinerkloster, hier gibt es auch eine Übernachtungsmöglichkeit im „Pesthäuschen".
Kontakt: Kapuzinerkloster, Südmauer, 559368 Werne
Informationen: 🌐 www.jakobspilger.lwl.org

▸ Planwagen-, Ballonfahrten & Rundflüge
Werne und das Münsterland von oben genießen kann man bei einer Fahrt mit dem Ballon oder einem Rundflug. Auch Planwagenfahrten sind eine angenehme Art, die Umgebung zu entdecken.
Kontakt: Werne Marketing GmbH, ☏ 02389/534080

▸ Radfahren
Für Radfahrer bieten sich rund um Werne viele Ausflugsmöglichkeiten: Besonders zu empfehlen sind die *Radtouren in die Münsterländer Parklandschaft*, die *Römer-Lippe-Route* und die *Radroute Historische Stadtkerne*.
Informationen: 🌐 www.roemerlipperoute.de, 🌐 www.radroute-historische-stadtkerne.de

▸ Schwimmen
Das Natursolebad wird zurzeit umgebaut und öffnet 2019 wieder seine Türen.
Kontakt: Am Hagen 2, 59368 Werne, 02389/9892-0, www.solebad.werne.de

Veranstaltungen & Feste

Anfang Mai laden die viertägige **Maikirmes** und Mitte Mai der **Blumen- und Spargelmarkt** in die Innenstadt ein.
Im September gibt es einen **Bauern- und Handwerkermarkt** auf dem Marktplatz vor dem historischen Rathaus.
Ende Oktober lockt Sim-Jü, der **Simon-Juda-Markt** (Sim-Juda steht für die Verleihung der Stadtrechte), hunderttausende Besucher nach Werne. Sim-Jü ist die größte Kirmes an der Lippe.
Vor der schönen Kulisse des Kirchplatzes zaubert der **Weihnachtsmarkt** eine festliche Stimmung.

Westerkappeln

(Kreis Steinfurt)

Die Gemeinde Westerkappeln (11 600 Einwohner) liegt im Tecklenburger Land im nördlichen Münsterland. Der Name Westerkappeln ist abgeleitet von Westkapelle, eine der ersten Kapellen neben dem Dom zu Osnabrück im Bistum Osnabrück. Die Kirche entstand nach 800 unter Karl dem Großen. Das Kirchspiel Westerkappeln wurde jedoch erst 1188 erstmalig urkundlich erwähnt.

Gemeinde Westerkappeln
Große Straße 18
49492 Westerkappeln
05404/887139
www.gemeinde-westerkappeln.de

Sehenswertes

▸ Evangelische Stadtkirche
Um 800 entstanden neben dem Dom zu Osnabrück zwei Kapellen zur Missionierung des Bistums, eine im Osten (Ostkapelle), eine im Westen (Westkapelle). Das war der Ursprung der Gemeinde Wersterkappeln. Die Vorgängerin der Stadtkirche war wahrscheinlich ein Holzbau aus dem 9. Jahrhundert. Die heutige gotische Hallenkirche stammt aus dem 15. Jahrhundert und wurde 1500 vollendet.
Adresse: Große Straße 13, 49492 Westerkappeln

▸ Rittergut Haus Cappeln
Das Rittergut Cappeln wurde von den Grafen von Ravensburg um 1100 als Nebenburg zur Hauptburg in Borgholzhausen errichtet. Kriegerische Auseinandersetzungen und Fehden zwischen den Grafen von Ravensberg und denen von Tecklenburg führten zu mehreren Besitzerwechseln. 1382 wurde die Burg zerstört und nicht wiederaufgebaut. Im 16. Jahrhundert wurde auf den alten Fundamenten ein Rittergut mit umgebenden Gräften gebaut, 1777 bis 1779 wurden die Gebäude zu einem dreiflügeligen Bau mit Giebeldreiecken umgebaut. Seit 1964 ist das repräsentative Herrenhaus im Privatbesitz.
Adresse: Haus Cappeln, 49492 Westerkappeln

▸ Wassermühle Velpe
Die ehemalige Gutsmühle stammt aus dem Jahr 1560. Vor 100 Jahren wurde sie von Familie Görtemöller erworben. Nach grundlegender Restaurierung ist die Wassermühle wieder betriebsfähig. Hier wird Getreide gemahlen und zu Brot verarbeitet. Die Mühle kann besichtigt werden.
Kontakt: Heinz Görtemöller, Laggenbecker Straße 6, 49492 Westerkappeln, 05456/1040

▸ Rittergut Haus Velpe
Das ehemalige Rittergut Velpe in Hambüren entstand wahrscheinlich im 13. Jahrhundert durch Zusammenlegung mehrerer Bauernschaften. Die von Velpe waren Burgmänner (Ministerale) des Grafen von Tecklenburg. Nachweislich hatte das Haus häufig wechselnde Besitzer und gehört seit 1898 der Familie Echterhoff, die das Herrenhaus abreißen ließ. Es bestehen heute nur noch das Torhaus (um 1700) und ein Teil der Gräfte.
Adresse: 49492 Westerkappeln-Hambüren

Museum

▸ ☺ Traktorenmuseum Westerkappeln
In einer Fachwerkscheune in der Bauernschaft Metten ist das Traktorenmuseum mit einer der umfangreichsten Traktorensammlungen im nordwestdeutschen Raum beheimatet. Der Landwirt Friedrich Frehmeyer hat mit seiner privaten Sammlung das Museum ins Leben gerufen, das heute von einem Förderverein getragen wird.
Kontakt: Lotter Straße 20, 49492 Westerkappeln, ✆ 05404/1785

Freizeit & Natur

▸ Golf
Der Golfclub Habichtswald e. V. mit 18-Loch-Platz und 6-Loch-Kurzplatz bietet Freizeitspielern wie sportlich ambitionierten Golffreunden eine reizvolle Anlage und ein angenehmes Ambiente.
Kontakt: Industriestraße 16, 49492 Westerkappeln, ✆ 05456/96013, 🌐 www.golfclub-habichtswald.de

▸ ☺ Schwimmen
Das familienfreundliche Freibad Bullerteich steht in den Sommermonaten allen Badegästen offen.
Kontakt: Bullerteichstraße 12, 49492 Westerkappeln, ✆ 05404/2422

▸ Wandern & Radfahren
Westerkappeln bietet mit seiner Lage zwischen den Ausläufern des Wiehengebirges und dem Teutoburger Wald im Süden und der flachen Düsterdeicker Niederung im Norden (ein Feuchtwiesen-Naturschutzgebiet) zahlreiche Spazierwege, Wander- und Nordic-Walking-Routen an, z. B. den *Cappelner Ringweg* oder die *Rundwege A1–A5*. Radfahrer können auf dem *Westerkappelner RadelEi*, einem 45 km langen Radweg, die Umgebung erkunden oder finden Anschluss an die überregionale *100 Schlösser Route*.
Informationen: 🌐 www.100schloesserroute.de

Veranstaltungen & Feste

Der **Frühlingsspaziergang** in Westerkappeln ist ein traditioneller Jahrmarkt. Die Markthändler bieten modische Accessoires, Haushaltswaren und Dekoration für Frühling und Ostern an.
Alljährlich am zweiten September-Wochenende findet in Westerkappeln eine **Herbstkirmes** auf dem Kirchplatz rund um die evangelische Kirche statt.

Wettringen

(Kreis Steinfurt)

Die Gemeinde Wettringen (8000 Einwohner) im nordwestlichen Münsterland an der Steinfurter Aa gelegen zählt zu den ältesten Gemeinden der Region. Gegründet um 800 von Karl dem Großen, wurde der Name „Wateringas“ 838 erstmals erwähnt, als Ludwig der Fromme Kirche und Hof von

Wettringen dem Benediktinerinnenkloster Herford schenkte. Im Mittelalter kamen der Landwirtschaft und der Leineweberei sowie dem Leinenhandel große Bedeutung zu. Daraus entwickelte sich im 19. Jahrhundert die für die Gemeinde wichtige Textilindustrie.

Verkehrsverein Wettringen
Heimathaus
48493 Wettringen
02557/929676
www.verkehrsverein-wettringen.de

Sehenswertes

Heimathaus Ahlers
Das ehemalige westfälische Bauernhaus (1520) ist das älteste Gebäude im Ort. Es stand ursprünglich in Klein-Haddorf, wurde von der Gemeinde gekauft, abgetragen und nahe der Kirche wiedererrichtet. Zur Hofanlage gehören ein Stall, eine Remise, eine Bleichhütte, ein Backhaus und ein Bienenstock. Das Heimathaus dient als eine Begegnungsstätte und Büro des Verkehrsvereins.
Adresse: Werninghoker Straße 5, 48493 Wettringen

Villa Jordaan
Auf dem Rothenberg wurde 1923 bis 1925 die Villa Jordaan (Villa Rothenberge) im Stil eines französischen „Lustschlösschens" errichtet. Sie wird heute von der Wilhelms Universität Münster genutzt.
Adresse: Rothenberge 83a, 48493 Wettringen

Pfarrkirche St. Petronilla
Die neugotische Hallenkirche repräsentiert mit ihrer strengen gegliederten Architektur ein typisches Beispiel des Historismus im Münsterland.
Adresse: Haverkamp 1, 48493 Wettringen

Spieker Termühlen
Als Wehranlage 1575 errichtet, diente der Spieker den Hofbewohnern zum Schutz vor Eindringlingen.
Adresse: Andorf 2, 48493 Wettringen

Freizeit & Natur

Haddorfer Seen
Das Erholungsgebiet mit Seenlandschaft, Campingplatz und Wochenendhaussiedlung ist ein beliebtes Freizeit- und Ferienziel vor allem im Sommer. Hier kann man baden, angeln, segeln, surfen, schwimmen, Tennis und Beachvolleyball spielen. Der Badesee lädt mit seinem Standbereich mit Dünenlandschaft und einem Matschbereich für Kinder ein. Der größere Haddorfer See bietet sich vor allem zum Angeln, Segeln und Surfen an. Rund um die Seen sowie in der Heidelandschaft zwischen den Gewässern und im Stovernschen Wald kann man schöne Spaziergänge und Radtouren unternehmen.

Radfahren
Um und durch Wettringen verlaufen zahlreiche Radrouten, die zur Erkundung der Münsterländer Parklandschaft, der Schlösser und Burgen, der Flusslandschaften und einer ehemaligen Bahnroute auf der „Fietse" einladen: Die *Vechtetalroute,* die *100 Schlösser Route,* der *EmsRadweg,* die *Aa-Vechte-Tour,* die *Radbahn Münsterland* und die regionalen Rundwege um Wettringen.
Informationen: www.100schloesserroute.de, www.emsradweg.de, www.radbahn-muensterland.de

Schwimmen
Im Hallenbad Wettringen kann man bei jedem Wetter baden und schwimmen.
Kontakt: Friedhofstraße 18, 48493 Wettringen, 02557/985569

Beliebte Radrouten durch das Münsterland

100 Schlösser Route
Sie gilt als die Königin unter den deutschen Radrouten! Auf 960 km Länge führt sie durch das Münsterland, über 100 Schlösser, Burgen, Gräftenhöfe und Herrensitze liegen an der Strecke.
Informationen: www.100schloesserroute.de

Deutsche Fußball Route NRW
Auf dieser 800 km langen Themenroute durch das Fußballland Nordrhein-Westfalen erfährt man viel Neues rund um das Thema Fußball. Die Strecke von der Eifel bis in den Teutoburger Wald führt an 15 nordrhein-westfälischen Städten vorbei.
Informationen: www.deutsche-fussball-route.de

Dortmund-Ems-Kanal-Route
Die 350 km lange Dortmund-Ems-Kanal-Route verbindet das Ruhrgebiet (ab Dortmund) mit der Nordsee (bis Norden) und passiert dabei das Münsterland. Die Radwege sind überwiegend Betriebswege des Kanals.

EmsRadweg
Auf dem EmsRadweg kann man dem Flusslauf der Ems von der Quelle in Senne durch das Münsterland bis zur Mündung in die Nordsee bei Emden auf 375 km folgen.
Informationen: www.emsradweg.de

Europaradweg R1
Von Boulogne-sur-Mer bis St. Petersburg verbindet der R1 auf einer Strecke von über 3500 km neun europäische Länder miteinander: Frankreich, Belgien, die Niederlande, Deutschland, Polen, Litauen, Lettland, Estland und Russland. Natürlich führt er auch durch das Münsterland.
Informationen: www.euroroute-r1.de, www.r1-radweginfo.de

Flamingoroute
Die 450 km lange Flamingoroute zwischen Enschede (NL) und Borken im Westmünsterland führt durch Moore und Heiden, Dörfer und Städte. Ihren Namen hat sie von der Flamingobrutkolonie in Zwillbrock, die auf der Strecke liegt.
Informationen: www.flamingoroute.com

Friedensroute
Die 170 km lange Friedensroute verläuft auf historischen Reiterpfaden zwischen Münster und Osnabrück. Auf den Wegen der Reichspostlinie, auf der die Friedensreiter 1648 unterwegs waren, kann man zahlreiche Zeugnisse jener Zeit entdecken.
Informationen: www.friedensroute.de

Grenzgängerroute Teuto-Ems
Der 148 km lange Rundkurs verbindet die Regionen Osnabrücker Land, Ostwestfalen-Lippe und das Münsterland teils auf alten Schmugglerpfaden und passiert zwölf Städte und Dörfer, Burgen und Schlösser, Spargel und Schinken.
Informationen: www.grenzgaengerroute.de

NaTourismus-Routen
Durch das Steinfurter und Tecklenburger Land zwischen Moor und Mittelgebirge verlaufen auf 400 km die Natourismus-Routen.
Informationen: www.natourismus-st.de

▸ Naturpark Hohe Mark Route
Die Hauptroute durch den Naturpark Hohe Mark – Münsterland mit einer Länge von 310 km hat elf Etappen und führt von Isselburg über Dülmen, Velen nach Haltern am See durch riesige Waldgebiete, Heide, Moorgebiete, vorbei an Wasserschlössern und alten Höfen.
Informationen: 🌐 www.hohemark-westmuensterland.de

▸ RadBahn Münsterland
Die ehemalige Bahnstrecke zwischen Coesfeld und Rheine ist heute ein 40 km langer Radweg, auf dem Bahngeschichte erlebbar wird.
Informationen: 🌐 www.radbahn-muensterland.de

▸ Römer-Lippe-Route
Auf mehr als 400 Routenkilometer zwischen Detmold und Xanten folgt der Weg dem Verlauf der Lippe vorbei an Römerkultur-Stätten.
Informationen: 🌐 www.roemerlipperoute.de

▸ Töddenland-Radweg
Auf insgesamt 122 Kilometern führt der Rundkurs durch das historische „Töddenland" im Münsterland/Tecklenburger Land und dem südlichen Emsland.
Informationen: 🌐 www.toeddenland-radweg.de

▸ Werse Rad Weg
Der Werse Rad Weg verbindet auf 125 km die Städte Beckum, Ahlen, Drensteinfurt, Sendenhorst, Oelde, Münster, Rheda-Wiedenbrück und Hamm im Kreis Warendorf mit ihren historischen und sehenswerten Ortskernen. Er führt teils entlang und teils abseits der Werse.
Informationen: 🌐 www.werseradweg.de

Das Münsterland ist eine Fahrradregion par excellence

Sehenswertes

▸Altstädte, historische Ortskerne und Ortsteile, Marktplätze

▸Brunnen und Skulpturen

▸Burgen, Schlösser, Rittergüter, Herrenhäuser, Adelshöfe, Villen

▸ Historische Gebäude und Güter (Acker-/Bürgerhäuser, Fachwerkhäuser, Rathäuser)

▸ Industriedenkmäler

▸ Kirchen, Kapellen, Basiliken, Synagogen

▸ Klöster, Abteien, Stifte

▸ Kultstätten, Findlinge

▸ Mühlen

Stadtbefestigungen, Türme, Tore, Mauern, Wehrlager

Weitere Sehenswürdigkeiten

Museen

Brauereimuseen und Brennereien

(Eisen-) Bahnmuseen, historische Bahnen

Freilichtmuseen

Geologische und Mineralogische Museen, Fossilien- und Mineraliensammlungen, Bergbau

Handwerksmuseen und Technische Museen

Heimatmuseen, Stadt- und Regionalmuseen, Heimathäuser

Kunstmuseen, Galerien, Künstlerhäuser

Museen zu bedeutenden Persönlichkeiten

Naturkundliche Museen

Freizeit & Natur

▸Badeseen

▸Barfußpfade und Kneippbecken, Sinnespark

▸Bootsfahrten, Wassersport, Schifffahrten

▸Fliegen und Flugplätze

Freilichtbühnen

Freizeitparks und -gelände, Spielplätze, Sportparks

Golfplätze

Klettern (Kletterwälder, Hochseilgärten, Kletterzentren)

Kunst und Kultur, Handwerkskunst und altes Handwerk

▸Kutsch- und Planwagenfahrten, Traktortouren

▸Minigolf, SwinGolf, Bauerngolf, Bosseln, Bowling, PoolBall®, Konifez

▸Naturschutzgebiete, Moore, Heiden, Wälder

▸Parks, Gärten, Kuranlagen, Naturdenkmäler

▸ Pilgerwege, Jakobswege, Wallfahrten

▸ Radfahren

▸ Reiten, Pferdesport

▸ Segway- und Kartfahren

▸ Tier- und Wildparks, Zoos

▸ Wandern und Lehrpfade

▸Sonstiges

Abbildungsverzeichnis

Umschlag vorne: Tourismus- und Bürgerbüro Olfen (o.l.); Presseamt Münster/Britta Roski (o.r.); Regina Kaute/pixelio.de (u.l.); Touristinformation im Naturparkhaus Tiergarten Schloss Raesfeld (u.r.);

Umschlag hinten: Werne Marketing GmbH (l.); Vreden Stadtmarketing GmbH (r.);

Innenteil: tutto62/pixelio.de: S. 1, 39; Thomas Max Müller/pixelio.de: S. 5, 71, 145, 146; © cevahir87/fotolia: S. 7; Stefan Brückner/pixelio.de: S. 11, 12; Tourist-Info Bad Bentheim: S. 14, 15; Wally/pixelio.de: S. 16; Sven Altgott/pixelio.de: S. 18; A. Holzknecht/pixelio.de: S. 21; Lizzy Tewordt/pixelio.de: S. 23; Jens Bredehorn/pixelio.de: S. 25; Kurt F. Domnik/pixelio.de: S. 27, 28, 44, 45, 126, 187, 189; Stadtmarketing Verein Coesfeld & Partner e.V.: S. 31, 32, 33; Regina Kaute/pixelio.de: S. 37; Stadtmarketing Ennigerloh: S. 41; Greven Marketing e.V.: S. 47, 48; By Grasi/pixelio.de: S. 50; Stadtagentur Haltern am See: S. 52, 53; Marketing Havixbeck und Umgebung e.V.: S. 55, 56; Gemeinde Heek: S. 58; Werner Raschke/pixelio.de: S. 61; © Phoxo/fotolia: S. 64; Stadtmarketingverein Horstmar: S. 66 o./u.; Erich Westendarp/pixelio.de: S. 68, 103, 182, 190; Herbert Raschke/pixelio.de: S. 69; Tourist-Info Ladbergen: S. 73 o./u.; Lars Paege/pixelio.de: S. 75, 125, ; © Jürgen Göckemeyer: S. 76; Verkehrsverein des Dahliendorfes Legden e.V.: S. 77; Stefan Bücker/pixelio.de: S. 80; C. Schneider: S. 82; AD Medien: S. 83; Gemeinde Lotte: S. 84; Fotos zu Lüdinghausen von Julian Borgmann: S. 86, 87; © AnnaReinert/fotolia: S. 89, 135; Touristeninfo Mettingen: S. 90, 91; Foto: Presseamt Münster/MünsterView: S. 92, 95; Foto: Presseamt Münster/Britta Roski: S. 94, 96; Gemeinde Nordkirchen: S. 99, 100; Tourist Info Ochtrup, Fotograf Jürgen Ultee: S. 105, 106, 107; Andreas Zöllick/pixelio.de: S. 109; Tourismus- und Bürgerbüro Olfen: S. 111 o./u.; Touristinformation im Naturparkhaus Tiergarten Schloss Raesfeld: S. 115, 116; BREDEHORN.J/pixelio.de: S. 120; Tourist-Information Rhede: S. 123; Fotograf Wieneke: S. 130, 131; Jörg Schöne/pixelio.de: S. 133; Tourist-Information Senden: S. 137; Stefan Büker/pixelio.de: S. 138; Tourist Information Stadt Sendenhorst: S. 140 o./u., 141; SMS Stadtmarketing Stadtlohn e.V.: S. 142, 143; SOMIT Südlohn Oeding: S. 149, 150; Tecklenburg Touristik GmbH: S. 151, 152, 153; Bildrechte Stadt Telgte: S. 155, 157; Tourist-Info und GiG-Marketing Velen-Ramsdorf e.V.: S. 159, 161; Vreden Stadtmarketing GmbH: S. 162, 164; Fotografin und Bildrechte Tanja Hohnwald: S. 168, 169, 170; Werne Marketing GmbH: S. 173; Michael Bührke/pixelio.de: S. 179; us/pixelio.de: S. 192.

Veranstaltungen & Feste

Januar

Februar

März

April

Frühling